Tous les fruits comestibles
du monde

À Bernard, qui m'a accompagnée
pas à pas sur les marchés
et m'a donné cette idée d'ouvrage.

Édition : Marguerite Montange
Fabrication : Sandrine Allain
Maquette et mise en pages : Ruth Ballangé
Photographies de l'auteur, sauf mention spéciale

Responsable d'édition : Christian Dorémus
Imprimé en Italie par G. Canale & C. S.p.A. Turin
en mars 1989.

ISBN 2-04-12940-5

INTRODUCTION

Ce livre traite des principaux fruits commercialisés dans le monde. Il est le reflet d'une curiosité tout aussi intellectuelle que gustative; en effet, il est autant le résultat de recherches bibliographiques que de déambulations sur les marchés. Né de l'envie de partager un émerveillement devant la nature, il prétend permettre à chacun d'approfondir et d'élargir sa connaissance des fruits, quelles qu'en soient l'origine et la disponibilité actuelle en Europe. Il se propose d'aider tous ceux qui voyagent dans leur exploration des marchés locaux.

Là, sur un marché, toute une vie sociale se déroule, passionnante et instructive; dans certains pays, on y passe des heures à observer les coutumes, les comportements, et à s'imprégner de l'ambiance. Tous les sens en éveil, on se sature de fruits et de légumes, de leurs formes, de leurs couleurs et de leurs odeurs.

Et quoi de plus intimement lié à notre quotidien, et à celui de tous les gens sur un marché, que ce qui se goûte et nous nourrit ?

Peu de merveilles de la Nature sont aussi méconnues que les fruits, comme s'ils étaient sans noblesse et peu dignes de notre intérêt, alors que les herbes médicinales, les plantes ornementales, les oiseaux exotiques et les champignons font l'objet d'une littérature abondante !

Il est difficile de rendre compte des goûts, des arômes et des textures par des mots. Si ce défi est hors de portée de l'écriture et de l'image, pourquoi refuser pour autant d'appréhender la diversité de la Nature en matière de fruits ?

En comprendre l'histoire, savoir comment ils sont liés à une pratique médicale, alimentaire et même gastronomique, voilà qui est possible. Avec les fruits voyagent les habitudes alimentaires; ils reflètent les climats, les sols et les continents; ils ponctuent l'évolution économique des sociétés. Et ils régalent les yeux et les palais au gré des saisons et des contrées. Leur histoire enregistre des popularités éclatantes ou des oublis inexpliqués.

Si les fruits passionnent des botanistes appliqués à en établir une taxonomie sévère et exacte à travers familles, espèces et variétés, nos yeux et notre palais n'ont pas perdu leur instinct primitif pour reconnaître les saveurs, les formes et les odeurs qu'on associe au gré de l'expérience. C'est d'ailleurs pour confirmer ou infirmer des suppositions ou des intuitions de classement que les classifications scientifiques nous ont d'abord paru utiles. Car, dans le chaos des marchés, « un classement au niveau des propriétés sensibles » nous semblait réellement « une étape vers un ordre rationnel » (C. Lévi-Strauss, La Pensée sauvage, chapitre I), une compréhension de la nature fort légitime. On s'aperçoit néanmoins que la botanique sait montrer des caractéristiques que l'on omettrait facilement de constater; elle nous offre une classification plus « exacte » des plantes et de leurs fruits.

Les aspects d'un fruit sont donc multiples, de son histoire à son usage, et c'est un large kaléidoscope que ce livre vous propose; loin de vous perdre dans un dédale d'informations scientifiques, il vous fournit les pistes, les indices et les références nécessaires à la pénétration du monde des fruits. Votre curiosité s'en trouvera avivée...

Combien de fruits, s'ils ne nous sont pas inconnus, demeurent cependant de grands méconnus ? Combien même sont ignorés qui arriveront peut-être prochainement jusqu'à nous pour prendre place dans notre vie quotidienne ?

Sommaire

La nature des fruits

Qu'est-ce qu'un fruit ?

La diversité des fruits à découvrir submerge. Aussi une classification scientifique rassure-t-elle un esprit curieux qui cherche sans méthode de nouveaux sujets d'émerveillement : drupes, baies, glands, hespéridies...

Cette multiplicité produit chez le néophyte un certain trouble : qu'est-ce, au juste, qu'un fruit? Une autre question lui fait écho, une petite voix maligne lui murmure : et un légume? La tomate est mangée comme « légume », mais chacun sait que c'est un fruit. Les fruits peuvent-ils tous se manger crus? Rien de moins évident : à preuve le coing. Quant à la forme, à l'aspect extérieur, rien ne renseigne moins sur la véritable nature du fruit. Certains même ne sont pas comestibles, et des langues comme l'espagnol font la distinction entre *fruto* et *fruta,* ce dernier terme désignant le fruit alimentaire.

La botanique seule peut venir à notre secours, avec des explications certes un peu sèches, mais ayant le grand mérite de mettre en valeur une fois de plus les merveilles accomplies par la nature et de proposer des classifications sur la base d'observations qui échappent à notre œil incompétent. Elle nous dresse un vaste panorama du monde des fruits, nous fait découvrir l'étrangeté de certains et suscite notre étonnement devant une diversité parfois insoupçonnée.

Au sens botanique du terme, le **fruit** est ce qui se développe à partir de l'ovaire de la fleur, après la fécondation de l'ovule. De nombreux changements ont alors lieu dans les différentes parties de la fleur : l'ovaire grossit, formant le péricarpe; les ovules se développent et constituent les futures graines.

Le terme « fruit », au sens strict, désigne l'ovaire avec les graines à l'intérieur. Mais souvent il inclut d'autres parties de la fleur, comme les sépales et les enveloppes florales. Par exemple, la pomme et la poire sont constituées en fait de l'ovaire et du réceptacle floral. Ce sont alors de faux fruits appelés « pseudocarpes ». Les fruits authentiques seront, eux, monocarpes ou polycarpes (syncarpes), selon qu'ils sont le produit d'une ou de plusieurs fleurs combinées; ainsi, l'ananas est formé à partir de toute une inflorescence.

Le fruit est donc le produit d'une fécondation. Néanmoins, on observe des cas où le fruit gonfle, grossit, mûrit, alors qu'aucune graine n'a été émise : c'est le cas de certaines oranges sans pépins, de raisins et d'ananas. Quand les ovules n'ont pas été fécondés, il est assez commun de voir l'ovaire grossir sans jamais arriver à maturité. Dans le cas de la banane et du fruit de l'arbre à pain, le non-développement des graines semble correspondre à une plus grande taille du fruit ainsi qu'à une saveur améliorée.

Le cas peut aussi se présenter, pour les fruits à pépins, d'une fécondation partielle ou de l'avortement d'un ovule, ce qui entraîne alors l'apparition d'un nombre incomplet de pépins; les parties de l'ovaire n'en contenant pas se développeront moins, conférant une forme asymétrique au fruit.

Les fruits doubles sont quant à eux le résultat de l'union de deux fleurs.

Après la fécondation, le développement de la partie charnue modifie considérablement l'apparence de la fleur, rendant fort difficile la compréhension exacte de la formation du fruit. Chez certains — prune, pêche, cerise — on distingue aisément les trois parties du péricarpe : l'épicarpe est ici la peau, le mésocarpe la chair, et l'endocarpe la coque du noyau. En revanche, la chair, la pulpe de certains fruits comme le raisin, la goyave, etc., est formée du placenta et ne doit pas être confondue avec le mésocarpe. Dans certains autres fruits, les noix par exemple, les trois constituants sont confondus en un seul. L'écorce d'orange, quant à elle, est constituée par l'épicarpe et le mésocarpe, alors que l'endocarpe forme des cloisons dont l'intérieur est rempli de cellules pulpeuses. Dans la fraise, le réceptacle devient charnu et porte les ovules enfermés dans les akènes.

Une fois le fruit mûr, les graines vont s'échapper. Les fruits **déhiscents** sont ceux qui s'ouvrent naturellement, les autres, appelés **indéhiscents,** doivent d'abord tomber sur le sol et y pourrir pour que les graines se libèrent; il en est ainsi notamment pour les noix, les pommes, les cerises. Généralement, les fruits à noyau sont indéhiscents, alors que les fruits à pépins s'ouvrent, assurant une dispersion la plus large possible.

Les modes de dispersion rivalisent d'efficacité : les fruits secs éclatent; d'autres sont charriés par les eaux sur lesquelles ils flottent; les vents emportent les plus légers, parfois ailés, comme le fruit de l'érable ou les graines de pin; enfin les animaux transportent parfois des graines, soit accrochées à leurs poils, soit dans leur estomac si elles sont bien protégées par un solide tégument.

En tout cas, la finalité du fruit dans le système végétatif réside bien dans la protection et le développement de la graine jusqu'à sa dispersion. Néanmoins, les classifications établies par les scientifiques ne s'arrêtent pas à cette caractéristique de déhiscence ou de non-déhiscence.

Les botanistes parlent de baies, de glands, de drupes..., noms dont on ne sait pas toujours bien ce qu'ils désignent. Il s'y adjoint quantité d'autres dénominations et, si on se limite aux fruits comestibles, à ceux qui flattent notre palais, il convient encore de citer la courge, le cône, l'hespéridie, le pommeau, le sorosis et la gousse.

Le terme **baie** est appliqué à tout fruit dont les graines sont contenues dans la pulpe.

Le **gland** est un fruit sec indéhiscent qui, à maturité, ne contient plus qu'une graine : châtaignes, noix...

La **gousse** est le fruit sec et déhiscent des légumineuses.

La **drupe** est le nom scientifique des fruits à noyau.

Le **cône** est un épi portant une graine nue, sans ovaire, et de forme plus ou moins allongée. Elle est recouverte d'écailles comme dans les pommes de pin.

L'**hespéridie** est le nom donné aux fruits juteux indéhiscents et syncarpes dont l'épicarpe et le mésocarpe forment l'écorce, alors que l'endocarpe se prolonge en parois intérieures, dessinant des divisions triangulaires au sommet desquelles se logent les pépins : orange, citron...

Le **pommeau** (pomme, poire, coing...) est un fruit charnu indéhiscent et syncarpe, incluant le réceptacle dans son développement; il enfle pour donner la partie charnue, alors que le vrai fruit est en fait le cœur dur qui abrite les graines.

Le **sorosis** est formé par un épi de fleurs, comme pour l'ananas, la jacque.

Maintes réalités se cachent donc sous le terme de fruit. Néanmoins, toutes jouent le même rôle dans l'économie de la plante et par là même se rejoignent sous la dénomination de « fruit ».

Vie et mort d'un fruit

Cette diversité de types pourrait faire oublier que les fruits constituent bien une entité globale; on retrouve en chacun d'eux les mêmes phases de développement, les mêmes étapes dans leur vie, même si parfois elles ne se manifestent pas d'une manière évidente.

La naissance du fruit se produit avec la fécondation de la fleur. La période de croissance du fruit vert vient ensuite, jusqu'au mûrissement qui se manifeste par un changement de couleur et par la différenciation du parfum et de la saveur. Le fruit est mûr à l'âge de sa mort.

Au fur et à mesure de sa croissance, il accumule eau, sels minéraux, azote, glucides et acides organiques. En fait, les premières phases du développement se caractérisent par une intense respiration, qui va se ralentissant. De nombreux facteurs (nombre de fruits, nombre de graines, besoins en eau, feuillage, température, azote disponible...) conditionnent le développement du fruit.

Toutes les modifications d'aspect que nous connaissons à la période du mûrissement correspondent à des changements biologiques et chimiques bien précis qui passent inaperçus tant la nature fait insensiblement et aisément son travail.

L'évolution dans la couleur correspond à la disparition de la chlorophylle et à l'apparition de nouveaux pigments.

L'amollissement du fruit provient du fait que les protopectines qu'il contient, insolubles dans l'eau, se transforment en pectines solubles.

Changements de saveur et d'odeur sont la conséquence d'une modification des concentrations en sucres et acides organiques : l'amidon se transforme en sucre, les acides organiques diminuent soit par neutralisation, soit par combustion.

Autre caractéristique du développement : la diminution des tanins et du pouvoir astringent.

Le renforcement de l'odeur du fruit correspond par ailleurs à l'émission de substances volatiles tels qu'alcools, éthers, aldéhydes et acétone, qui doivent s'éliminer par évaporation; ainsi, par exemple, l'éthylène émis fortement par certains fruits, et qui agit en activant leur mûrissement, les gâterait précocement s'il n'était pas éliminé.

Enfin, le fruit augmente sa respiration, laissant échapper plus de gaz carbonique et de vapeur d'eau; cette transpiration explique d'ailleurs que les fruits diminuent de poids lors du stockage.

Une fois bien mûr, le fruit tombe sur le sol et, soit qu'il s'ouvre, soit qu'il devienne blet, il finit par mettre en liberté ses graines, prêtes à donner naissance à un nouvel arbre, à de nouveaux fruits...

Les grandes familles

Si un regroupement par familles d'arbres fruitiers est l'objet d'ouvrages purement botaniques, il est néanmoins intéressant de rapprocher quelques fruits selon leurs liens de parenté. On pourra soit être frappé par la ressemblance de certains d'entre eux, soit au contraire s'étonner qu'une même famille puisse englober des fruits aux formes et goûts aussi divers.

LES SOLANACÉES

Un des rapprochements les plus amusants est celui de la tomate avec ses cousines, la tamarille et la naranrille. Toutes les trois s'organisent selon la même structure interne. La famille des Solanacées nous est familière puisque c'est à elle qu'appartiennent des plantes aussi importantes que la pomme de terre, la tomate, le tabac... et les pétunias ! Elle est tout à fait remarquable par le nombre d'espèces qu'elle compte : 2 000, réparties en 90 genres, dont une quarantaine sont particuliers à l'Amérique du Sud. D'ailleurs, n'oublions pas que c'est du Nouveau Monde que nous est venue la pomme de terre ! L'intérêt de nombre de ces plantes herbacées n'est pas seulement alimentaire ou décoratif, mais il est aussi médicinal. Beaucoup de Solanacées contiennent dans leurs parties vertes des substances vénéneuses, souvent des alcaloïdes, qui fournissent à l'industrie pharmaceutique des matières premières fort précieuses.

LES ANNONACÉES

Une autre famille que l'on connaît mal en Europe est celle des **Annones**. Cinquante espèces, voilà qui commence à compter ! Méconnu pourtant... et à tort. En effet, ces arbres ou arbrisseaux sont porteurs d'excellents fruits comestibles. C'est sur leur terre d'origine, en Amérique tropicale, qu'il faut aller goûter à toute la palette des variétés. On compte le chérimole (ou cachiman), le corossol, le corossol épineux, la pomme-cannelle parmi les favoris, mais il y en a bien d'autres encore à découvrir, tels le « corossol bâtard » *(Annona montana)*, la chérimole sauvage du Mexique *(Annona longiflora)*. La plupart de ces fruits se ressemblent étrangement : voilà pourquoi le terme corossol est employé plus souvent qu'il ne se doit.

LES SAPINDACÉES

Très proches également entre eux sont les fruits des Sapindacées : amusez-vous à comparer litchi, ramboutan, pulasan, longane et knèpe !

LES « AGRUMES » et la famille des RUTACÉES

C'est certainement chez les **agrumes** que l'air de famille peut le moins tromper. Mais les agrumes ne constituent pas une famille à proprement parler : ils appartiennent à celle, plus vaste, des Rutacées incluant, en sus des agrumes, des fruits simples et capsulaires, comme le bael (*Aegle marmelos*).

La taxonomie des agrumes a longtemps été une source de polémique entre les botanistes. Récemment encore on a découvert toute la richesse de la flore du Sud-Est asiatique en matière d'agrumes, et le XXe siècle a connu des controverses quant au nombre d'espèces qu'il convient de distinguer parmi les multiples formes de *Citrus;* en 1954, par exemple, Tanaka en identifiait 159. Quant aux formes sauvages qui sont à l'origine des différentes espèces, elles demeurent un mystère. Le plus ancien témoignage de l'existence de ces fruits, appelés aussi **hespéridies**, se trouve dans la littérature chinoise quelque 2000 ans avant notre ère; c'est dire que leur origine se perd dans la nuit des temps. On sait en revanche qu'il existe trois « berceaux » principaux de la culture des agrumes : ce sont l'Inde, région la plus riche en variétés sauvages, le Japon et la Chine, et enfin la zone géographique incluant Indochine et Malaisie.

Malgré des origines différentes, des caractéristiques spécifiques, les agrumes réalisent un ensemble homogène de qualités semblables pour les yeux et le palais. Leur pulpe est gorgée des mêmes richesses : acide citrique et vitamine C. Poncifs de notre éducation alimentaire certes, mais qui ne nous ont peut-être pas dévoilé toutes leurs richesses. L'acide citrique, contrairement à ce que l'on pourrait penser, est un alcalisant puissant; lorsqu'il se décompose en eau et en anhydride carbonique, ce dernier se mélange aux substances alcalines du sang (sodium, magnésium, calcium, potassium...), fournissant des sels très alcalins. Ces carbonates agissent sur les résidus protéiniques accumulés dans le sang et les tissus, et en rendent possible la rapide élimination. C'est pourquoi un bon sang est un sang alcalin. Voilà une explication utile aux arthritiques, aux rhumatisants et aux goutteux dont les souffrances proviennent bien souvent de ce manque d'élimination. L'acide citrique purifie aussi foie, vésicule biliaire et pancréas. Il est pourtant des individus qui ne le supportent pas, comme les dyspepsiques, en raison d'un excès d'acide chlorhydrique. Les personnes souffrant d'alcalose présentent également une intolérance aux agrumes.

Mais où peut-on trouver de telles providences? Dans les régions subtropicales et méditerranéennes, qui sont les principales pourvoyeuses d'agrumes.

La notion d'« agrume » ne doit pas occulter toute la diversité de ces fruits, dont on ne saurait forcément apprécier la gamme entière de saveurs et d'acidités. Le palais, mieux que l'œil, est le plus sûr garant de distinction. Au demeurant, savez-vous que le nombre de quartiers dans un agrume correspond au nombre de carpelles dans la fleur?

LES SAPOTACÉES

Eu égard à la diversité de plantes et de fruits, la famille des Sapotacées est sans doute la championne. Difficile, en parcourant l'Amérique latine, de se mettre d'accord sur ce qu'est un **zapote**. Cela s'explique quand on sait que cette famille rassemble 330 espèces sous 24 genres ! Et ils sont presque tous comestibles ! Dans le genre *Lucuma* on trouve, notamment aux Antilles, *Lucuma mammosa* dont la pulpe un peu fibreuse se consomme surtout en marmelade. Les régions côtières du Chili et du Pérou connaissent *Lucuma obovata*, arbre fournissant un latex qui sert à soigner les verrues et un fruit comestible, le logmo. Le canistel (*Lucuma nervosa*), se trouve dans la moitié nord de l'Amérique du Sud. La « sapote jaune » (*Lucuma salicifolia)* est appelée avec humour *zapote borracho* par les Mexicains en raison de ses effets proches de ceux de l'alcool, provoqués par la fermentation de sa pulpe jaune et un peu farineuse (*borracho* signifie « soûl »). C'est un fruit à peau fine et à noyau unique. Une autre espèce du même genre, *Lucuma serpentaria*, produit la *zapote de colebra* (sapote-couleuvre). La sapote proprement dite appartient au genre *Calocarpum*; on la confond souvent avec la sapotille, qui est l'un des fruits de Sapotacées les plus appréciés. Les Antilles connaissent l'« abricot de Saint-Domingue » *(Mammea americana)*.

Les régions les plus chaudes et humides d'Amérique du Nord abritent l'abi péruvien à la peau fine, lisse et jaune, recouvrant une pulpe translucide et mucilagineuse. Comme il est nommé *caimito* dans certains pays de langue espagnole, attention à ne pas le confondre avec le « caimite » ou « pomme étoilée », fruit d'une autre des Sapotacées. L'abi est le *Pouteria cainito.*

Le Mexique et les pays limitrophes sont producteurs d'un grand nombre de Sapotacées. Outre le *zapote borracho*, sur les hauts plateaux, on y trouve la « sapotille blanche » *(Casimiroa edulis)*, dite *zapote blanco* ou *mexican apple*, peu répandue ailleurs. Ce fruit sans acidité peut même être d'une douceur écœurante; c'est sa pulpe blanche qui lui vaut son nom, la peau étant quant à elle jaune verdâtre. Dans ce fruit plus ou moins sphérique, parfois oblong, on trouvera un nombre variable de graines aux effets toxiques et somnifères. Quant au *zapote verde*, la sapote verte *(Calocarpum viride)*, c'est surtout au Guatemala qu'on aura l'occasion de goûter à sa pulpe douce, fine, juteuse et fondante, à la belle couleur cannelle, qui s'abrite sous une peau mince. La sapote noire du Mexique, ou *zapote negro*, cache sous une peau verte une étonnante pulpe noire, douce et crémeuse, aux propriétés astringentes. Ne vous laissez pas abuser : malgré son nom, ce fruit n'appartient pas à la famille des Sapotacées, mais à celle des Ébénacées; scientifiquement, c'est le *Diospyros ebenaster*; il s'apparente donc au kaki.

Cette famille des Sapotacées constitue donc un véritable dédale, où les appellations elles-mêmes peuvent être trompeuses; en français, comme en anglais et en espagnol, « sapote » et « mamey » sont des termes bien souvent employés sans grande discrimination... Sachez cependant que le fruit des Sapotacées sera toujours une baie, et que ces arbres fournissent un grand nombre de produits utiles. Mentionnons *Palaquium gutta*, dont le latex est la célèbre gutta-percha, et *Argania sideroxylon*, l'aragnier, très répandu au Maroc, dont l'amande enfermée dans le fruit donne une huile très grasse, connue sous le nom d'« huile d'argan ».

LES PALMACÉES

On ne saurait parler des familles nombreuses sans citer celle des Palmacées. En effet, les espèces de palmiers sont innombrables et les fruits qu'ils portent étonnamment divers. On connaît bien le plus appétissant de tous : la **noix de coco**. Les autres sont plus marginaux, mais se trouvent parfois sur les marchés tropicaux : lontar, noix d'arec, etc. L'arbre lui-même est souvent plus précieux que ses fruits : ainsi, le palmier qui sert à obtenir le rattan porte un minuscule fruit jaune et écailleux, le *lukwai*, à l'odeur vineuse; et le palmier *chontadura*, dont le tronc recouvert de longues et dures épines fournit aux Indiens d'Amazonie un bois dur et imputrescible, offre, lui, un fruit farineux, caustique et gras. Rien de commun entre tous ces fruits de palmiers, si ce n'est leur étrangeté ! Hâtez-vous d'essayer l'étonnant goût de pain d'épice du fruit ligneux et sec du palmier doum *(ginger red tree)* : c'est un arbre en voie de disparition... Mais il y en a bien d'autres : le *táparo* et le *parepo* proviennent de palmiers d'Amérique du Sud; le second se mange cuit. Le *pejvalles*, fruit orangé du Costa Rica, se fait cuire également et a alors un goût de pomme. Le *nongus* se trouve en Inde. Quant aux noix de Babassu, elles viennent en gros régime sur un palmier sauvage du Brésil; elles sont très grasses.

Voici donc une famille disparate s'il en est !

LES MYRTACÉES

La famille des Myrtacées, plantes des régions chaudes, ne nous est pas très familière non plus. La goyave, seule, s'est frayé un chemin jusqu'à nous. Mais cette famille est vaste, et le genre *Eugenia*, tout particulièrement. Certains botanistes préfèrent ne plus y classer certaines plantes qu'ils veulent distinguer; on les retrouve aussi sous le genre *Syrygium* : c'est le cas de la pomme-rose et de ses parentes. Ce genre *Eugenia* fournit de si nombreux fruits locaux que le cadre de ce livre ne permet pas de les distinguer individuellement. Certains ont une audience qui a dépassé leur pays d'origine, comme la cerise de Cayenne la pomme-rose et la goyave-ananas (feijoa). Les autres ne sont pas sans intérêt pour autant.

Au sud du Brésil et à Hawaii, la *Grumichama (Eugenia brasiliensis)* offre des fruits ronds de la taille d'une cerise, à la chair fondante agréablement acidulée, et à la pulpe tout aussi cramoisie que la fine peau qui l'entoure. Le Brésil héberge de nombreuses espèces *Eugenia* : il y a la *pera do campo* pyriforme, la *pitomba* jaune orangé, l'*uvalha* et la *cabelluda*... Cette énumération pourrait se poursuivre avec les espèces asiatiques. Un exemple : la « jamelongue » (prune de Java), d'origine malaise ou indienne, qui fournit de petits fruits ovales de 1 cm de long environ, rouge pourpre; ce sont des fruits généralement astringents et meilleurs une fois cuits; ils ont été introduits notamment en Afrique.

LES ROSACÉES

La famille la plus aisée pour nous, Européens, à concevoir est sans doute celle des Rosacées. Le type en est le **rosier**, bien entendu, mais la plupart des arbres fruitiers d'Europe appartiennent à cette immense famille (prunier, pêcher, cerisier, pommier, poirier...).

Ainsi, de multiples rapprochements sont possibles entre plantes, entre fruits. Le champ est libre pour l'imagination. On peut par exemple se demander si c'est l'appartenance à une même famille qui donne à la fois à la pistache et à la mangue un arrière-goût de térébenthine. Et est-ce pur hasard si au sein de cette même famille on retrouve chez la mangue et chez la noix de cajou une forme de rein peu courante par ailleurs ?

Mais la prudence est de règle ! Le rapprochement à éviter à tout prix, c'est celui entre les **noix**. Le français parle facilement de « noix » pour désigner nombre de fruits à coque dure, tout comme l'anglais emploie le suffixe *nut*... Ainsi, on classe dans le même genre tout ce qui ressemble quelque peu au véritable fruit du noyer. Mais ce terme « noix » désigne en fait, et exclusivement, le fruit sec constitué en tout et pour tout par une graine unique, souvent comestible, et sa coquille dure rappelant le bois ou le cuir; celle-ci se sépare plus ou moins facilement de la graine elle-même. Tout autre usage du terme « noix » est abusif ! De plus, les noix n'ont jamais constitué une famille.

Pour vous aider, ce livre indique pour chaque fruit la famille de l'arbre qui l'a produit.

La composition des fruits

Les minéraux

Le corps humain contient 3 kg de substances minérales; la seule dont on connaisse mal les propriétés est l'aluminium. Les réserves du corps en sels minéraux se renouvellent périodiquement : c'est le cas, par exemple, pour le calcium tous les 6 ou 7 ans. Les fruits sont généralement très riches en potassium et en magnésium, mais les autres sels minéraux n'en sont pas absents.

Le fer est fondamental pour le sang et la lutte contre l'anémie, mais pour cela il nécessite l'aide d'une faible quantité de cuivre. Utilisé sous forme d'hémoglobine dans notre organisme, le fer joue un rôle important dans les phénomènes respiratoires.

Le phosphore est un fortifiant nerveux et cérébral, et en outre régularise les changements organiques; associé avec d'autres minéraux, il s'avère donc spécialement précieux pendant les périodes de croissance.

Le calcium fortifie les os, mais joue également un rôle important dans la digestion et dans la coagulation du sang. Il diminue l'excitabilité nerveuse.

Potassium et **sodium** combattent l'excès d'acidité sanguine et gastrique; associés au calcium, ils régularisent le rythme cardiaque. Bon reconstituant des tissus musculaires, le potassium favorise également l'élimination des toxines.

Le magnésium est un régénérateur de la substance fibreuse des nerfs : le phosphate de magnésium est un puissant fortifiant nerveux. La carence en magnésium restreint l'action du calcium et peut parfois constituer la cause première d'un manque de calcium.

Le soufre organique (d'origine non volcanique) possède des propriétés antiseptiques en éliminant les impuretés de la peau et du sang.

Le manganèse intervient dans le métabolisme général et particulièrement sur le système lymphatique qu'il irrigue en oxygène.

L'iode intervient principalement dans la sécrétion de la glande thyroïde, régularisant le métabolisme.

La chaux nourrit le système osseux. Elle calcifie les foyers purulents dans la tuberculose, les abcès, l'adénite, les affections glandulaires.

L'arsenic donne force et vigueur.

Les vitamines

L'histoire des vitamines est très récente si l'on considère qu'on leur attribua un nom en 1912 seulement. La recherche n'était certes pas facilitée par le fait que les animaux n'ont pas besoin des mêmes vitamines que nous... Mais à la fin des années 1930 déjà, la plupart d'entre elles avaient pu être isolées et l'on déterminait les quantités nécessaires à la santé. On pouvait désormais fabriquer ces vitamines en laboratoire... C'était alors l'avènement des suppléments alimentaires qui font parfois oublier que les vitamines sont disponibles dans la nourriture quotidienne sous une forme exempte de tout toxicité !

Invisibles, impalpables, que sont-elles ? — Des substances organiques que le corps ne peut fabriquer lui-même, mais qui lui sont nécessaires en infimes quantités dans les processus métaboliques, c'est-à-dire les processus selon lesquels la nourriture est transformée en matière et en énergie. Les minéraux jouent un rôle analogue d'assistance aux enzymes, les acteurs principaux du métabolisme.

La distinction entre vitamines hydrosolubles et liposolubles est intéressante, car elle permet de comprendre comment en tirer le meilleur parti.

Les vitamines liposolubles exigent pour leur assimilation qu'une petite quantité de graisses soit disponible dans l'alimentation, et bien sûr que l'organisme soit en mesure de digérer ces graisses... Le foie en est l'organe de stockage et les carences en sont donc rares.

En revanche, les vitamines solubles dans l'eau ne peuvent être stockées ni longtemps, ni en grandes quantités; elles sont éliminées dans l'urine. Comme leur qualificatif le suggère, il convient de les protéger de leur ennemi numéro un : l'eau ! Évitez de blanchir les fruits et les légumes, et, s'ils ont été congelés, consommez-les le plus rapidement possible après décongélation en utilisant le jus qui s'en est échappé...

Mais l'eau n'est pas seule en cause; la vitamine C, par exemple, s'oxyde rapidement au contact de l'air comme en témoigne une pomme coupée en deux. Or l'oxygène rend inactive la vitamine ascorbique. Gare aux fruits talés ! De même le séchage traditionnel des fruits leur enlève toute vitamine C par l'action conjuguée de l'air et de l'eau. La vitamine B1 est, quant à elle, tout particulièrement sensible à la température; notez aussi qu'elle est détruite par le bicarbonate de soude (levure chimique).

L'importance des vitamines est vite mesurée lorsqu'on s'arrête un peu sur leurs fonctions :

La vitamine A, vitamine liposoluble, exige également des protéines pour être transportée depuis l'organe de stockage et de transit obligatoire que constitue le foie. Elle est essentielle aux os, aux dents et au renouvellement des peaux et muqueuses, internes et externes. Elle améliore la vision de nuit.

Les vitamines B sont connues pour leur rôle dans le fonctionnement du système nerveux; mais elles possèdent d'autres fonctions qui, bien qu'interdépendantes, sont distinctes.

La vitamine B1 ou thiamine permet à l'organisme de « brûler » les glucides pour obtenir l'énergie nécessaire au métabolisme interne et à l'activité musculaire. Un « brûlage » incomplet laisse des déchets acides s'accumuler dans le sang, d'où tension, fragilité capillaire et gonflements des membres inférieurs; au pire : béribéri. Parmi les fruits, noix, tamarin et durian en fournissent des quantités notables.

La vitamine B2 ou riboflavine intervient dans la respiration cellulaire et donc dans la production de l'énergie nécessaire aux cellules.

La vitamine B3 (ex-PP) ou niacine, en plus d'un rôle analogue à celui de la riboflavine, favorise la formation des tissus graisseux. Noix, fruits, frais et secs, en sont une bonne source.

La vitamine B6 ou pyridoxine prend part à la construction de la structure protéinique à partir des acides aminés — et donc notamment à la fabrication de l'hémoglobine. Poires, bananes, raisins, cacahuètes en sont les meilleurs pourvoyeurs fruitiers.

La vitamine B12 est importante pour les cellules nerveuses; elle est également nécessaire à la formation des cellules qui porteront l'hémoglobine : nécessaire donc avec les protéines, le fer et la vitamine B6 en cas d'anémie. On ne la trouve que dans la chair animale.

La vitamine C, dont on connaît bien le rôle immunitaire et les propriétés antiscorbutiques, est également importante pour les os, les muscles, la peau et les vaisseaux sanguins, notamment dans les processus de guérison et de lutte contre l'infection. En effet, par son oxydation, elle permet la formation du collagène, la protéine « ciment » de notre organisme. Notez les fruits suivants, classés par richesse décroissante, comme source de vitamine C : cassis, orange, citron, fraise, groseille, melon, pêche et pomme (de 100 à 15 mg/100 g).

La vitamine D a pour fonction principale de faciliter l'assimilation du calcium depuis les intestins par le flux sanguin. La lumière et le soleil permettent à l'homme de fabriquer sa propre vitamine D (exception pour une vitamine). Elle est absente des fruits.

La vitamine E protège de l'oxydation les vulnérables acides gras insaturés, actuellement recommandés pour la protection vasculaire et ô combien nécessaires, avec les protéines, à la formation des membranes cellulaires dont le rôle de tamis entre le sang et les cellules est primordial. Cette vitamine détruit également les déchets laissés par les cellules mortes, déchets responsables d'un certain vieillissement de la peau.

La vitamine K, quant à elle, intervient dans la coagulation du sang.

Sachez manger les fruits !

Remettre en question des habitudes alimentaires, voilà dans tout pays un défi relevant de plusieurs générations — si tant est qu'il soit possible de modifier des mœurs ancestrales, même si elles ne se justifient pas pleinement... Notre manière de consommer les fruits peut être encore améliorée.

Vous constaterez peut-être que votre propre organisme réagit parfois à la consommation inopportune de certains fruits. Bien entendu, seuls des diététiciens sont en mesure de conseiller chaque individu en fonction de ses besoins propres. Néanmoins, certaines règles méritent d'être formulées.

La première est qu'il faut manger des fruits, bénéfiques pour la santé. Les sucres qu'ils contiennent comptent parmi les mieux supportés, alors que le sucre industriel fournit certes la même énergie, mais nuit fortement à l'organisme. Leur eau purifie le corps, étant elle-même parfaitement pure, naturellement distillée. Or nous devons sans cesse renouveler l'eau, qui entre pour 80 % dans la constitution de notre organisme : les fruits s'offrent à nous; par exemple, la chair des agrumes et des raisins contient 80 à 85 % d'eau. Quant aux acides des fruits, ils jouent un rôle important dans le maintien de la santé : ils aident les organes à se purifier des toxines; ils combattent les germes et possèdent un pouvoir alcalisant considérable. Ces acides (malique, citrique et tartrique) se détruisent en brûlant dans l'organisme et produisent des sels alcalins qui augmentent la sécrétion des sucs digestifs et régularisent le cours de la bile; grâce à eux, l'urine acide devient neutre. Ils combattent l'acidité sanguine, et sont donc recommandés pour le bon fonctionnement de l'estomac, du foie, et contre les rhumatismes, la goutte, la gravelle.

À cela s'ajoute la richesse des fruits en sels minéraux et en vitamines, comme nous l'avons vu plus haut. Bien des maladies sont le résultat de carences en minéraux et en vitamines, et l'absorption naturelle de ces éléments à travers l'alimentation remplace avantageusement la consommation artificielle qu'on en fait à l'aide de comprimés, d'autant qu'il y a alors le risque de surconsommation, ce qui est également préjudiciable. Les bienfaits des fruits sont donc nombreux. Ceux de nature oléagineuse, plus énergétiques, plus riches en graisse, en huile, ont la propriété de fournir des matières grasses plus facilement assimilables, car elles s'émulsionnent mieux que les graisses animales; en outre ils sont riches en protéines, nécessaires à la formation des tissus.

Les fruits secs ne contiennent ni acide urique, ni toxines pour une haute valeur nutritive et énergétique.

Bref, mangeons des fruits !

Mais quand, comment, où, combien, avec quoi... ?

Les fruits sont idéaux pour les malades, car ils sont facilement assimilables, alors qu'à plus de 38°C, l'organisme ne sécrète plus bien les sucs digestifs. Ils sont désaltérants, ce qui est précieux car il vaut mieux s'abstenir de boire en mangeant des fruits ou après les avoir mangés; en effet, ils pourraient fermenter et causer des malaises. Il est recommandé de ne pas les accompagner de sucre, car celui-ci a tendance à faire fermenter le fruit dans l'estomac.

Il est évidemment préférable de manger les fruits bien mûrs. En effet, les acides malique et succinique des fruits verts entraîneraient fatalement de la dyspepsie.

En revanche, les incompatibilités des aliments entre eux sont moins bien connues; elles peuvent expliquer divers troubles de la digestion. Il arrive que certains aliments retardent la digestion des autres; les acides, par exemple, empêchent la transformation en maltose et en glucose des amidons, engendrant ainsi des fermentations intestinales. Parfois même des éléments toxiques se forment par combinaison chimique : c'est le cas des fermentations alcooliques, dues à l'absorption simultanée de fruits sucrés et de fruits oléagineux. Quant aux fruits acides, ils se combinent mal avec les laitages.

Certains peuples ont coutume de manger les fruits avant les repas, comme les Grecs; ils sont dans le vrai. Une demi-heure avant le repas ou mieux encore entre les repas, voilà comment il convient de consommer les fruits si vous faites partie de ceux qui se plaignent de mal les digérer...

Avertissement

Il existe beaucoup de fruits encore à l'état sauvage et ce particulièrement dans les pays tropicaux et sub-tropicaux. Ils ne sont pas présentés dans cet ouvrage, qui traite essentiellement les fruits offerts sur le marché, c'est-à-dire qui, s'ils ne sont pas forcément cultivés à grande échelle, jouissent néanmoins d'un rayonnement commercial dépassant un niveau strictement local. Beaucoup de ces fruits ont été adaptés hors de leur zone d'origine sur de nouveaux territoires, de nouveaux continents. Cette propagation devrait se poursuivre avec succès tant que les conditions d'adaptation (climat, sol, etc.) sont réunies sur leur terre d'accueil. L'origine d'un fruit ne laisse donc nullement présager de l'extension actuelle et future des zones de cultures. Ainsi, la terre africaine, qui est aujourd'hui productrice de nombreux fruits tropicaux, se trouve n'être le berceau que d'un nombre très limité des fruits qui ont essaimé de par le monde.

Les fruits présentés ici ont été répertoriés sous leur nom botanique afin de mettre en évidence leur apparentement et pour éviter des confusions. En effet beaucoup d'entre eux sont connus sous des noms différents (ex. loquat, bibasse, nèfle du Japon); par ailleurs, certains fruits tropicaux ont reçu des appellations inspirées par leur ressemblance avec des fruits d'Europe, alors que les affinités botaniques sont inexistantes (ex. abricot des Antilles, cerise de Cayenne, pomme rose). C'est pourquoi nous avons tenu à indiquer, dans la mesure du possible, d'autres noms locaux sous lesquels le fruit est désigné ainsi que les noms anglais et espagnols sous lesquels vous les trouverez sur les marchés. Ces noms, par ailleurs, peuvent porter à confusion : le *madroño* d'Amérique du Sud, par exemple, n'a rien à voir avec l'arbouse, dénommée *madroño* en Espagne; l'*acerola* en anglais n'est nullement le nom britannique de l'azerole, mais celui de la cerise des Antilles (l'azerole, elle, est appelée *thornapple* !). Leur nom latin, là encore, permettra d'éviter les confusions.

Si nous avons accordé une place relativement réduite à nos fruits du terroir, c'est que de nombreux ouvrages leur sont consacrés, qui dressent un inventaire complet des espèces et variétés dont le nombre est infini.

Le lecteur dispose, en fin de volume, d'index lui permettant de retrouver un fruit sous son nom français, anglais, espagnol ainsi que sous ses diverses appellations régionales.

Notez que les valeurs caloriques, comme les teneurs en sels minéraux et en vitamines, peuvent différer en fonction des variétés et sont données ici à titre indicatif.

Les fruits de A à Z

ACHRAS SAPOTA

Sapotacées

Sapotille

Angl. : Naseberry, Chiku (Inde).
Esp. : Sapodilla, Nispero, Chicozapote.

Voilà un des fruits les plus sucrés que nous offrent les régions tropicales à travers le monde. Vous trouverez peut-être même écœurant ce goût saturé de sucre brun, et en oublierez d'apprécier la saveur caramélisée de vanille et de jasmin d'une pulpe qui fond dans la bouche.

Certes, parmi les douzaines de variétés dénombrées, seules les meilleures sauront vous révéler pourquoi la sapotille est si prisée par bien des populations locales en Amérique tropicale, où certains la tiennent pour un des meilleurs fruits. Il est vrai qu'elle en est originaire : Guatemala et Mexique seraient ses terres natales; les Antilles l'ont accueillie dès le XVe siècle. Aujourd'hui on la trouve en abondance du Brésil au Venezuela et du Mexique à la Colombie, ainsi qu'en Floride du Sud. En outre, l'Inde, l'Asie du Sud-Est (Indonésie, Philippines) et l'Afrique plus récemment (Cameroun) en ont introduit la culture et se sont pris de goût pour son arôme délicat.

La sapotille est généralement de la taille et de la forme d'un œuf de poule, mais vous rencontrerez très vraisemblablement des espèces sphériques ou coniques et des gabarits atteignant 10 cm de diamè-

Sapotille

tre... ou ne dépassant pas la taille du pruneau. La peau fine est un peu rugueuse, dorée, cannelle ou rouille; elle se pèle facilement pour mettre à nu une pulpe de couleur miel à brun et un peu granuleuse comme celle d'une poire ou comme un sorbet. Au centre se logent de trois à six graines noires oblongues et aplaties.

Bien que les Européens aient découvert et savouré la sapotille dès le XVIIIe siècle, on ne la trouve toujours pas sur nos marchés : c'est en fait un fruit qui supporte mal le transport et doit être consommé sur place. Chez nous, l'arbre est plus connu que le fruit, en tout cas de renommée. En effet, ce bel arbre d'une vingtaine de mètres de haut, toujours vert, fournit un latex blanc qui, s'il est utilisé depuis l'ère précolombienne, est fort en vogue aujourd'hui... Vous en avez entendu parler : il s'agit du *chicle* qui entre dans la fabrication des chewing-gums. C'est de ce nom d'origine aztèque que viennent les mots « chiquer » et « chique ».

L'*Achras sapota* est en outre prolifique : de 2 à 3 000 sapotilles peuvent voir le jour chaque année sur un même arbre ! Les plus mûres, celles qui sont presque blettes, auront votre préférence, sinon le risque est grand que la pulpe soit encore astringente. En salade de fruits, en sorbet, en confiture, ou cuites au sirop avec des épices, les sapotilles sont aussi bonnes que fraîches.

Comme le laisse supposer sa saveur, le fruit est très nourrissant (70 cal/100 g) par sa teneur en glucides (de 11 à 14 %). Un cocktail de vitamines C, B1, B2 et PP agrémenté d'un peu de phosphore et de fer, voilà sa contribution à la diététique quotidienne. Tonique donc; diurétique et fébrifuge également. Les autochtones du Venezuela l'utilisent dans les engorgements du foie et recourent à une décoction de la peau en cas de catarrhe. Les noyaux pulvérisés seraient, quant à eux, dotés de propriétés vermifuges.

ACTINIDIA SINENSIS

Actinidiacées

Kiwi

Fr. : Groseille de Chine.
Angl. : Kiwi Fruit, Chinese Gooseberry.
Esp. : Kiwi.

Le kiwi est un oiseau aptère au plumage brunâtre* dont les Néo-Zélandais se sont pris d'affection au point d'en faire leur emblème national... Par la suite ils ont baptisé du même nom le fruit que nous connaissons, inspirés peut-être par sa similitude de couleur avec leur petit oiseau fétiche. Si bien qu'aujourd'hui ce fruit est associé dans nos esprits à la lointaine Nouvelle-Zélande (c'est d'ailleurs là que se trouvent les meilleures variétés).

On oublie vite que la Nouvelle-Zélande n'a introduit la culture du kiwi qu'en 1910. Il faut reconnaître que des efforts constants y ont été déployés pour améliorer et accroître la production et la commercialisation du fruit; si les Japonais, les

* *Appelé aussi « aptéryx ».*

Kiwi Ph. Ruth Ballangé

Californiens, les Italiens, les Grecs et les Français s'y sont mis, les Néo-Zélandais restent de loin les champions du kiwi !

Néanmoins, le véritable berceau d'*Actinidia sinensis*, liane sarmenteuse qui rappelle la vigne, se trouve en Chine, dans ses provinces orientales. Le nom premier du fruit, « groseille de Chine », rendait mieux justice à ses origines...

... Tout en troublant les esprits : rien à voir avec une groseille ! C'est plus exactement une belle baie ovale de la grosseur d'un œuf (jusqu'à 8 cm de long), recouverte d'une pilosité mordorée. La pulpe est fascinante par l'éclat de son vert, rehaussé par touches du noir de minuscules pépins.

Le palais y trouve aussi son compte, séduit par l'onctuosité de cette chair parfumée, acidulée et rafraîchissante. Elle convient bien à la nouvelle cuisine, rehausse le parfum des salades de fruits d'hiver (la France produit les kiwis de novembre à mai), et égaye les tartes traditionnelles. Le véritable adepte préférera déguster le kiwi à la petite cuiller.

Si vos finances le permettent, il n'y a aucune raison de vous priver des délices du kiwi. Peu calorique (30 calories par fruit environ), il vous apportera plus de calcium, de phosphore et de fer que tous les autres fruits d'hiver, et surtout il vous permettra de couvrir largement vos besoins en vitamine C; avec 200 à 300 mg/100 g, son apport est de 3 à 5 fois celui de l'orange !

Sachez que la taille du fruit n'a aucune incidence sur sa saveur. Il convient de choisir les fruits à la peau la plus lisse, la plus tendue possible.

ADANSONIA DIGITATA *

Bombacacées

Fruit du baobab

Fr. : Pain de singe, Calebasse du Sénégal.
Angl. : Baobab Fruit, Judas Bag.

Le baobab est le plus gros arbre du monde; le diamètre de son tronc dépasse parfois 6 m et en atteint 21 chez un spécimen d'Afrique ! Un tel arbre ne saurait donner de petits fruits... Pendus au bout d'une longue tige, les « pains de singe » font de 30 à 50 cm de long et de 10 à 15 cm de diamètre. Ce sont des fruits brunâtres à écorce ligneuse, un peu différents selon les espèces.

L'intérieur contient une trentaine de graines de 1,5 cm chacune. Celles-ci sont riches en vitamine B ainsi qu'en protéines et lipides. L'huile qu'on en extrait a un fort goût de rance. L'amande permet également d'obtenir une farine très nourrissante.

Quant à la pulpe aigre-douce, elle offre vitamine C, calcium et phosphore. Crue, les enfants africains s'en font une friandise acidulée. Les adultes la préparent en compote, cuite à la vapeur ou dans du lait, rôtie, confite, comme simple ingrédient d'une sauce ou pour confectionner une boisson rafraîchissante au goût aigrelet.

Baobab Ph. © J.-P. Champroux-Jacana

Graines contenues dans le fruit du baobab
Ph. © Michel Viard-Jacana

Baobab, arbre mythique, peuplé de dieux et d'esprits, comme le croient les indigènes? Présent du ciel plutôt? Les guérisseurs africains, eux, n'en doutent pas, qui soignent de nombreuses maladies avec le baobab.

D'ailleurs la pulpe a été autrefois utilisée en pharmacie: C'était la « terre de Lemnos ». On faisait d'autre part du savon avec les fruits abîmés.

* *Noter trois variétés :* Adansonia digitata *en Afrique et en Asie,* Adansonia Gregorii *en Australie,* Adansonia madagascariensis à *Madagascar.*

AEGLE MARMELOS

Rutacées

Bael

Angl. : Golden Apple, Bengal Quince.

Le bael est d'origine indienne; il est aujourd'hui répandu dans le Sud-Est asiatique, mais il y est strictement cantonné.

Il est aussi dur que la « pomme de bois » qui est une référence en la matière! Plus volumineux, il est également plus sucré que cette dernière (34 % d'hydrates de carbone). Peu alléchant cru, on le prépare sous forme de confitures et de boissons rafraîchissantes. Quelques caractéristiques du fruit frais méritent considération; notez-en deux : sa richesse en vitamines A et C, et son pouvoir régularisateur des fonctions intestinales.

ANACARDIUM OCCIDENTALE

Anacardiacées

Noix de cajou

Fr. : Anacarde, Noix d'acajou.
Angl. : Cashew Nut.
Esp. : Caju, Marañon, Pajuil*.

À voir cette grosse masse charnue en forme de poire, dotée d'un singulier appendice réniforme, on s'apprête à se désaltérer de son suc. Le fruit est en fait cet akène réniforme de 2-3 cm, suspendu sous la poire jaunâtre (parfois rouge vif). Ce fruit, on l'appelle à tort « noix » de cajou ou d'acajou. Sa partie comestible en est l'amande blanche.

Avant d'en tester la saveur délicate, prenez bien garde de retirer l'épais péricarpe gris de ce fruit, car

* *Pajuil : ce nom désigne également l'arbre qui donne le baume du Pérou* (Myroxylon balsamum, *var.* pereirae).

il est rempli d'un âcre suc rouge. Ce jus tache de façon indélébile les tissus de noir; il contient de l'acide anacardique ainsi qu'une substance huileuse (le cardol) qui a été utilisée en médecine (eczéma, ulcères, psoriasis). Ce jus âcre est doté d'un pouvoir caustique qu'il convient de neutraliser avant même d'ouvrir le fruit : pour cela, mettez-le à feu vif jusqu'à ce qu'il s'ouvre de lui-même.

La graine oléagineuse en elle-même est de saveur douce, un peu laiteuse lorsqu'elle est fraîche; si elle brûle la bouche, c'est que le cardol et l'acide anacardique n'ont pas été décomposés. Généralement, nous connaissons ces « noix » une fois grillées, soit salées pour l'apéritif, soit moulues pour être utilisées en confiserie (*turrón*) et/ou remplacer les noisettes et les amandes. On en extrait une huile très fine et proche de l'huile d'amandes douces : la graine contient de 45 à 50 % de matières grasses.

Pomme et noix de cajou Ph. © C. Errath-Jacana

Pomme et noix de cajou Ph. © Hervy-Jacana

L'intérêt majeur de cette graine ne doit pas faire oublier la « pomme-cajou », cette masse à la peau fragile qui n'est rien de plus qu'un pédoncule devenu charnu à la maturité du fruit. Elle est comestible, nature ou en compote, sa légère astringence se prêtant bien à la cuisson. La pulpe est gorgée d'un jus acidulé, à peine aigrelet et très aromatique. Par fermentation, les indigènes du Brésil septentrional en tirent une sorte de vin très enivrant *(cajuado).*

C'est de cette région, du Maranhão probablement, qu'est originaire l'**acajou à pomme**; car tel est le nom de la variété cultivée pour ses fruits, nom venu directement de l'appellation tupi : *acaju.* Cinq ou six autres espèces d'anacardes sont assez bien représentées à travers les régions tropicales d'Amérique : l'industrie est d'ailleurs grosse consommatrice de la gomme qu'on extrait de leur écorce grisâtre, la préférant à la gomme arabique.

L'acajou à pomme abonde également aujourd'hui aux Antilles, en Afrique, dans le Sud-Est asiatique et en Inde. C'est aux Portugais qu'il doit son introduction en Asie et en Afrique. Partout où il est cultivé dans le monde, il est fort productif.

Sachez que l'arbre donnant les « noix d'acajou » n'a rien à voir avec celui qui fournit le bois dur et rougeâtre appelé acajou (*Swietenia mahogany*).

ANANAS COMOSUS

Broméliacées

Ananas

Angl. : Pine Apple.
Esp. : Piña.
Brés. : Abacaxi.

« Il est le meilleur et le plus beau de tous les fruits qui soient sur terre. C'est sans doute pour cette raison que le roi des rois lui a mis une couronne sur la tête qui est une marque essentielle de sa royauté, puisque quand le père tombe, elle produit un jeune roi qui lui succède dans toutes ses admirables qualités » (R.P. Duterte, *Histoire générale des Antilles habitées par les Français,* Paris 1667).

Sous une forme allégorique, cette citation fait allusion à une caractéristique botanique de cette plante herbacée vivace : après la cueillette du fruit, les bourgeons axillaires qu'elle porte continuent leur développement et forment une nouvelle plante semblable à la première, mais contrairement à ce que dit le P. Duterte, celle-ci est généralement de taille inférieure à la première et la récolte ne peut au total se faire que pendant trois ans.

Cette plante tropicale est originaire d'Amérique du Sud. Pour le vieux continent, l'histoire de l'ananas commence en 1493 quand Christophe Colomb débarque en Guadeloupe. Avec l'ouverture des voies maritimes, c'est le début de l'expatriation pour ce fruit : en 1548, il est introduit en Martinique et, au cours de la seconde moitié du XVIe siècle, en Asie, par les Portugais notamment; à la fin du XVIIe siècle, il est connu sous tous les tropiques. En France, Louis XIV en 1702 est le premier à déguster un ananas obtenu en serre.

Cette culture disparut d'ailleurs rapidement par suite de l'accroissement des importations au XIXe siècle. Elles ne mirent cependant l'ananas à la portée de bourses plus modestes qu'après la Seconde Guerre mondiale. Aujourd'hui, la culture de l'ananas est étroitement liée aux techniques frigorifiques et aux industries de conservation locales; si bien que son développement est inégal suivant les régions. Elle est très largement répandue au Brésil, en Colombie, en Équateur, en Martinique, au Venezuela, à Cuba et dans toute l'Amérique centrale; l'Asie et l'Afrique le produisent aussi en quantité, mais le plus grand « boom », ce sont les îles du Pacifique qui l'ont connu. Pour situer les différentes phases du déve-

Plant d'ananas Ph. Ruth Ballangé

loppement de la culture de l'ananas, rappelons que la première usine de conserve date de 1906 et qu'actuellement moins de dix compagnies en ont le quasi-monopole. Mais surtout, il faut dire que de nombreuses manipulations génétiques furent tout d'abord à l'origine de la plante cultivée, qui, à l'état sauvage, donne des fruits de qualité bien inférieure, parfois même nocifs.

S'il existe une quarantaine d'espèces poussant spontanément sous les tropiques, pour le néophyte le défi est simplement de reconnaître les quatre groupes principaux auxquels se rattachent les ananas cultivés en plantation : le Cayenne, le Queen, le Spanish et l'Abacaxi. Chacun connaît cette peau constituée d'une mosaïque d'hexagones, ce goût rafraîchissant qui stimule les papilles, mais qui sait bien choisir les ananas ?

Le **Cayenne lisse** s'est propagé dans le monde au cours du XIXe siècle grâce aux Anglais qui eux-mêmes l'avaient introduit de France en 1835. Son origine est la Guyane française; on l'y dénomme toujours « Mai-pourri ». Cet ananas est rouge-orange à maturité et sa pulpe est d'un beau jaune doré, très sucrée au palais. Sachez donc l'identifier : cylindrique, avec des hexagones plans, il pèse souvent plus de 2 kg.

Le **Queen,** en revanche, est de petite taille et ses hexagones sont proéminents. Si le fruit est doré et sa pulpe plus colorée que celle du Cayenne, la saveur en est moins sucrée et son acidité moins brûlante; plus ferme, moins juteux, les industries alimentaires la tiennent à l'écart en raison de la difficulté à y tailler des tranches régulières.

Le **Caraïbe** ou « Red Spanish », aussi haut que large, présente des hexagones fréquemment irréguliers. De taille moyenne, il se reconnaît surtout à sa couronne centrale bien développée, au jaune très clair de sa pulpe légèrement fibreuse, et à une saveur poivrée qui lui est propre.

Le type **Abaka** ou **Abacaxi,** répandu au Brésil et en Afrique occidentale, reste d'une consommation locale, le marketing alimentaire dédaignant sa pulpe blanche et crai-

Ananas Ph. Ruth Ballangé

gnant la fragilité de sa peau au transport. Sa forme conique pyramidale et ses petits hexagones en relief le caractérisent pour l'essentiel.

D'une façon générale, préférez les ananas de poids moyen (1,5-2 kg), car ils ont plus d'arôme. Le goût doit en être sucré (13 à 17 % de sucres) et subacide. L'ananas possède un parfum unique lui venant de l'acide méthylique qui se forme dans le fruit lui-même.

Riche en vitamines C (24 mg/100 g), A et B1, l'ananas est également un puissant reminéralisant, recommandé aux enfants en pleine croissance. Il est excellent du point de vue digestif et intestinal grâce à la bromaline qu'il renferme, ferment digestif comparable à la papaïne par le fait qu'il digère 1 000 fois son poids en protéines. Attention ! il est détruit par l'ébullition, et est généralement absent des conserves; pour un résultat effectif, buvez un jus frais *avant* le repas... sauf si vous souffrez d'acidité gastrique. L'ananas agit également commc diurétique, antiseptique, désinflammatoire intestinal; il stimule le pancréas, purifie le sang, aidant en cela les rhumatisants, et intervient dans la dissolution de toutes sortes de calculs.

Ayez donc confiance dans l'ananas, mais méfiez-vous des conserves ! En effet, les acides du fruit peuvent attaquer le métal et conduire à des intoxications si le fruit est conditionné depuis longtemps.

Pour la confection d'éventuels desserts à base de gélatine, sachez que l'ananas cru renferme un enzyme qui la décompose : il faut le cuire d'abord. Bien avant nos processus de conservation et de déshydratation, c'est la fermentation qui était d'usage; l'homme du Nouveau Monde confectionnait des boissons alcoolisées avec la pulpe du fruit. Mais de nos jours, on sait faire feu de tout bois : feuilles et couronnes font le bonheur du bétail, les fibres finissent en matières textiles comme à Manille, et l'on envisage d'intégrer l'ananas à l'industrie papetière...

ANNONA CHERIMOLIA

Annonacées

Chérimole

Fr. : Cachiman.
Angl. : Custard Apple.
Esp. : Cherimoya.

La chérimole se présente comme un gros cœur vert qui renferme de nombreuses graines noires enrobées d'une pulpe blanche, crémeuse et fondante bien que peu juteuse. Son goût est délicat, parfumé, doux sans être écœurant. L'écorce à la peau veloutée dessine des écailles plus ou moins marquées allant jusqu'à de légères protubérances coniques.

L'arbre est répandu dans toute l'Amérique tropicale et subtropicale, où il ne craint pas les altitudes élevées des vallées andines. Sous les climats tempérés, il perd ses feuilles pendant l'hiver. Ce sont les Européens qui l'ont introduit aux Antilles, puis en Asie au XVIIIe siècle.

Des Antilles précisément nous viennent donc naturellement les

Chérimole

meilleures manières d'accommoder ce fruit. Mais il se consomme tout aussi bien cru, et il est d'autant meilleur que sa pulpe est bien glacée. Sa saveur douce s'explique par ses sucres : 18 à 20 %. Il apporte du calcium et de l'acide ascorbique. Et gardez les graines : concassées et macérées dans l'eau, elles constituent un excellent insecticide.

* *Attention ! une autre annone,* Annona glabra *ou* pond-apple, *est parfois appelée* custard-apple, *mais ce fruit jaune, mou et brillant ne peut que décevoir : chair sèche et peu abondante, saveur résineuse...* Annona glabra *est en fait utilisée comme porte-greffe pour le chérimolier.*

ANNONA MURICATA

Annonacées

Corossol épineux

Fr. : Sapadille.
Angl. : Soursop.
Esp. : Guanabana, Zapote agrio.

Impossible de nier son air de famille avec les autres annones. Mais il se montre plus agressif, hérissé comme il est de pointes sur chaque alvéole dessiné sur sa peau. Il est également plus imposant que ses proches : ce fruit oblong et conique peut atteindre 45 cm de long, 12 cm de diamètre et peser jusqu'à 5 kg.

Le corossol épineux est originaire de Colombie, et c'est là qu'on en trouve le plus grand nombre d'espèces. L'arbre s'accommode parfaitement de la chaleur et prospère en Amérique en région subtropicale au-dessous de 1 000 m.

Sachez qu'un corossol épineux est mûr lorsque sa peau verte perd son brillant, vire au noir, et qu'elle commence à dégager une odeur de térébenthine. Ouvrez-le selon son axe matérialisé à l'intérieur par un gros aiguillon mou et conique autour duquel sont disposées de très nombreuses graines noires et consommez alors la pulpe blanche semblable à celle de la chérimole (voir p. 37). Cette annone est cependant plus fibreuse, et c'est sans doute une raison pour la préférer en glace, en jus, ou fouettée avec de la crème et du sucre. En Inde, on la mélange à des œufs battus. Les fruits verts peuvent être cuits au four ou frits en rondelles.

Les vertus médicinales du fruit mûr sont de nature antibilieuse, antiscorbutique et vermifuge. Les feuilles de l'arbre sont également utilisables en infusion pour leurs propriétés antispasmodiques et antidiarrhéiques.

ANNONA RETICULATA

Annonacées

Corossol

Fr. : Cœur-de-bœuf.
Angl. : Bullock's Heart.
Esp. : Corazon de buey.

Corossol épineux

Arbre presque deux fois plus grand que celui donnant la chérimole (8-10 m), il produit une annone de qualité bien inférieure. On l'appelle d'ailleurs Corossolier sauvage. Il est cependant très répandu en Amérique tropicale* et dans les régions de basse altitude, tant en Afrique, en Asie qu'en Australie.

Le cœur-de-bœuf se reconnaît par sa forme plus large que haute et sa peau assez lisse, parcourue de lignes dessinant des pentagones irréguliers qui correspondent aux contours des carpelles.

La pulpe blanche tire vers le rosé et est même parfois rouge. Bien moins fine que celle de la chérimole, on l'accommode cependant de façon similaire (voir Chérimole, p. 37, et les Annonacées, p. 11).

* *Au Brésil.*

ANNONA SQUAMOSA

Annonacées

Pomme-cannelle

Angl. : Sugar Apple, Sweet Sop (Jamaïque).
Esp. : Annona blanca ou azucarada, Saranuya (Mex.), Atemoya.

Avec le chérimole, c'est sans doute une des meilleures annones des tropiques.

Après maintes controverses, il fut récemment prouvé que la pomme-cannelle n'est pas originaire de l'Inde, où elle pousse néanmoins à l'état sauvage, mais d'Amérique tropicale, comme toutes les autres espèces d'annones. On la trouve en Floride et du Mexique au Brésil, en passant par les Antilles. Les Portu-

Pomme-cannelle

Pomme-cannelle

gais l'introduisirent d'abord dans leurs possessions asiatiques, puis les Français et les Anglais dans leurs colonies africaines.

Arbre deux fois plus petit qu'*Annona cherimola, Annona squamosa* donne aussi des fruits de taille plus réduite. En forme de cœur, ils rappellent un cône de pin ou un petit artichaut, tout en étant hérissés de mamelons verdâtres et recouverts d'une efflorescence blanchâtre à maturité.

La pulpe blanc crème est un peu granuleuse; sa saveur douce pourrait effectivement rappeler de loin la cannelle, mais aussi la pâte d'amandes par son onctuosité. Mangez-la bien mûre et choisissez les plus gros fruits. Comme dans toutes les annones, on y trouve de nombreuses petites graines noires, brillantes et aplaties.

Les pommes-cannelles sont des fruits riches en glucides et en calcium, diurétiques et fébrifuges. À l'inverse des chérimoles, vous les dégusterez sur les basses terres des régions tropicales et non en altitude.

ARACHIS HYPOGÆA

Fabacées

Cacahuète, Arachide

Fr. : Pistache de terre (Antilles).
Angl. : Peanut.
Esp. : Mani

Chacun sait que la cacahuète est un fruit oléagineux puisqu'on en extrait l'huile d'arachide. En revanche, qui sait qu'il mûrit sous terre ? Il se différencie en cela des autres Légumineuses; on l'appelle d'ailleurs « pistache de terre » aux Antilles.

L'arachide (*Arachis hypogæa*) est une herbe annuelle, haute de 30-40 cm, à tiges hérissées de poils mous et aux fleurs jaunes. La partie souterraine portant le fruit n'est pas une racine. C'est après la fécondation de la fleur que le pédoncule qui supporte l'ovaire s'allonge, puis se recourbe vers la terre où l'ovaire s'enfonce et devient la gousse ovoïde oblongue que nous connaissons avec ses renflements à la hauteur des 2, 3 ou 4 amandes qu'elle renferme.

Cette étrange caractéristique exceptée, ce fruit a bien reçu en héritage les caractéristiques familiales : richesse en protéines végétales (24 % de matière azotée), en graisses (50 %, principalement des acides gras insaturés). Remarquable est la teneur en vitamine B et en phosphore (460 mg/100 g).

On pense que la plante est venue du Brésil où il existe à l'état spontané six autres espèces du même genre sur les douze recensées à travers le monde. Bien avant l'arri-

Cacahuète

vée des premiers explorateurs, l'arachide était cultivée sur tout le continent sud-américain. Le nom de la cacahuète vient d'ailleurs de l'aztèque « tlacacahuatl »; les Incas l'utilisaient à des fins médicinales, et nous leur devons l'invention du beurre de cacahuète. Ce sont les négriers portugais qui par la suite l'introduisirent en Afrique. Au début du XXe siècle, les colons débarqués sur ses côtes occidentales y imposèrent sa culture intensive.

Aujourd'hui, de nombreux pays asiatiques se sont mis à la culture de l'arachide et leur production a rejoint celle des continents américain et africain. L'**arachide de type péruvien** reste préférée à l'importation et la **Cayor du Sénégal** pour la fabrication d'huile.

Sur les lieux de production, elle est fort populaire. Son bas prix la met à la portée des bourses peu argentées et en permet un large emploi dans les cuisines locales. La cacahuète rehausse la valeur nutritive d'un plat; on dit qu'elle peut remplacer un bifteck et qu'elle soutient l'activité intellectuelle. C'est aussi un bon astringent intestinal. En revanche, elle est difficile à digérer, particulièrement quand elle est crue.

À vous de choisir la façon dont vous dégusterez ces graines rosées, parfois jaunes ou même brun rougeâtre. Leur saveur est agréable, mais avec une certaine âcreté qui ne disparaît qu'après torréfaction. Crues, grillées — nature ou salées —, en sauce ou en soupe, sous forme de beurre comme les aiment les Américains qui en tartinent abondamment leur pain, dans du chocolat ou prises en barre avec du sucre comme dans le *peanut-brittle :* voilà de quoi en varier l'usage.

ARBUTUS UNEDO

Éricacées

Arbouse

Angl. : Arbutus Berry.
Esp. : Madroño.

L'arbousier est un arbuste (5 m maximum) des régions méditerranéennes où il croît spontanément sur des terrains arides — comme ceux de la région de Madrid : cette ville, autrefois, était d'ailleurs surnommée *« del oso* (de l'ours) *y del madroño ».*

Les feuilles de l'arbousier rappellent celles du laurier. Mais si on le nomme parfois « fraisier en arbre » ou « arbre à fraises », c'est pour l'aspect de ses fruits : des baies globuleuses rouges de 1 à 2 cm de diamètre, couvertes de protubérances pyramidales qui les font ressembler vaguement à des fraises.

Arbouse

De ces fruits pulpeux, aigrelets et diurétiques, on fait une eau-de-vie en Italie, en Espagne, en Algérie et en Corse. Crus, on pourra les trouver un peu fades, mais la cuisson en compote ou en confiture leur réussit fort bien.

ARECA CATECHU

Palmiers

Noix d'arec

Angl. : Betelnut.
Esp. : Nuez de areca.

En forme d'œuf, long de 5 à 10 cm, le fruit, vert et dur, vient par grappes aux longs axes. Qu'il n'ait pas l'air appétissant est de peu d'importance, puisque c'est le noyau qui est recherché.

Au XVIe siècle, plus de 200 millions de personnes, de l'Inde à la Chine et de Zanzibar à l'Océanie, avaient coutume de mâcher le bétel, c'est-à-dire un mélange masticatoire consistant bien souvent en feuilles de bétel prises avec de la chaux et cette noix d'arec.

Une fois l'épaisse enveloppe fibreuse et blanche retirée, la préparation de la noix consiste à débiter le noyau en fines lamelles que l'on fait ensuite sécher pour mieux les conserver.

Noix d'arec

Les feuilles de bétel ressemblent aux feuilles de laurier et appartiennent à une sorte de poivrier grimpant *(Piper betle)* d'Asie; on dit que l'arbre qu'il choisit comme tuteur sera déterminant pour le goût de la feuille... Mais ce n'est pas le bétel qui nous donne la noix d'arec, dite aussi « de bétel » ! C'est l'aréquier ! Celui-ci est un palmier des régions chaudes de l'Asie du Sud-Est.

Autrefois, l'industrie textile recourait aux propriétés fixatrices des teintures de la noix d'arec. Aujourd'hui, celle-ci mérite encore notre intérêt, bien qu'elle ne soit pas comestible telle quelle. Tout d'abord, elle fournit le **cachou,** qui en est extrait pour ses propriétés digestives. En outre, elle apaise la faim et confère une illusion d'énergie grâce aux principes chimiques qui sont libérés lors de la mastication; elle fortifie les gencives et prévient tout risque d'infection de la bouche. Cette noix contient une substance, l'arécoline, qui tue les vers. En revanche, elle noircit les dents et teinte de rouge la salive.

Les noix rondes sont bien souvent préférées à celles de forme ovale, car elles sont censées être moins chargées en substances toxiques qui entraînent parfois vertiges et même évanouissements; un antidote : le citron.

Vous ne verrez plus que quelques vieilles femmes en Asie qui mâchent encore le bétel; elles sourient d'une bouche rouge et noire qui leur vient de cette habitude qu'elles ont maintenue leur vie durant : noix d'arec, chaux et épices roulées dans la feuille de bétel, mastiquées et recrachées soigneusement car il ne faut pas les avaler.

Les non-initiés ressentiront peut-être une brûlure légère à la gorge, c'est normal. Qu'ils sachent aussi qu'à chaque variété correspond une saveur différente.

ARTOCARPUS ALTILIS

Moracées

Fruit de l'arbre à pain

Angl. : Breadfruit, Breadnut.
Esp. : Pana.

Le premier sujet d'étonnement à l'égard de ce fruit tient à son appartenance à la même famille que la figue. Le second est son nom. Sa forte teneur en amidon et sa texture farineuse lui ont valu cette appellation de « fruit de l'arbre à pain » ; et, comme autrefois chez nous la bonne miche du boulanger, il contribue largement à l'alimentation des indigènes des forêts tropicales chaudes et humides, tout particulièrement en Polynésie d'où il serait originaire, et cela depuis la plus lointaine antiquité. Chez bon nombre de tribus océaniennes, l'arbre à pain est intégré aux rites, aux mythes, aux légendes et aux superstitions.

Vraisemblablement originaire des îles de la Société, l'arbre s'est largement répandu en Asie du Sud-Est. L'Afrique, l'Amérique centrale et méridionale le connaissent également depuis l'arrivée des premiers navigateurs portugais, espagnols et hollandais. Les Français et les Anglais l'ont ensuite introduit à la fin du XVIIIe siècle dans les îles des Caraïbes et à l'île Maurice. L'histoire de l'arbre à pain est mêlée de façon amusante à celle de la mutinerie du *Bounty*. Les Anglais, qui voulaient se procurer des denrées bon marché pour leurs esclaves des Antilles, envoyèrent le lieutenant Blight à Tahiti pour ramener des souches d'arbre à pain. Blight, riche de sa moisson, quittait Tahiti en octobre 1788, mais trois semaines plus tard la mutinerie écla-

Arbre à pain

Fruit de l'arbre à pain (variété à graines)

tait et Blight, largué à la mer, ne rejoignait que miraculeusement les côtes de Timor. Quatre ans plus tard, il devait repartir à Tahiti pour mener à bien sa tâche. C'est ainsi que l'arbre à pain fut introduit aux Antilles. Néanmoins, on n'y attache pas grande importance; les bananes se sont révélées bien plus profitables. En Polynésie seulement, on lui porte encore une véritable considération sur le plan alimentaire.

Cet arbre impressionne par son majestueux feuillage qui se déploie largement à l'horizontale et dont les vastes feuilles découpées (elles peuvent atteindre 1 m) brillent au soleil. Son bois fragile craint les vents forts, ses racines aiment les sols humides des basses altitudes en forêt tropicale, et son tronc laisse échapper un latex utilisé comme colle dans la confection des pirogues.

Son fruit, né d'une inflorescence, est une grosse baie qui se présente seule ou en grappes de 2 ou 3; ovale, la peau marquée d'auréoles irrégulières pentagonales ou hexagonales, le fruit, vert quand il est immature, devient brunâtre. Si les hexagones se séparent, c'est qu'il est trop mûr. Il peut peser 2-3 kg, mais, selon les espèces, on trouve des fruits de plus de 10 kg et d'autres de 300 g. Il existe deux types de fruits : les variétés à graines et sans graines. Elles sont fort différentes, tant extérieurement du fait de l'existence d'épines sur les premières, qu'intérieurement.

Les **variétés à graines** constituent le groupe *Artocarpus nucifera* ou *incisa seminifera,* généralement rencontré à l'état sauvage. La partie comestible du fruit sont justement les noyaux que l'on pèle et que l'on fait cuire comme des châtaignes. Sa pulpe n'a pas la finesse de celle des variétés sans graines et, d'ailleurs, est peu prisée.

Les **variétés sans graines** renferment uniquement une chair blanche un peu farineuse, constituée en fait par de nombreux petits fruits tubulaires amalgamés. Le goût fin de la fécule du fruit de l'arbre à pain provient du fait que les grains d'amidon sont très petits (1/10e de mm). Cette chair comestible est précisément riche en amidon (17-18 %). Introuvable bien sûr à l'état spontané, la variété sans graines est cultivée et cueillie avant maturité complète, quand le taux de féculents est à son maximum. Vous la reconnaîtrez au fait que le fruit n'est pas hérissé d'épines sur la peau comme celui des variétés « sauvages ». Pelé, il se cuit au four, au gril, ou est frit à la poêle sous forme de rondelles ou de cubes. En Polynésie, les indigènes s'en servent pour faire une boisson à partir de pulpe râpée et fermentée pendant 24 mois ! La farine qui en est extraite est certes riche en amidon, mais pauvre en protéines; elle convient, dans certaines proportions, mélangée à de la farine de blé, pour la confection de pâte à pain.

Fruit de l'arbre à pain (variété sans graines)

ARTOCARPUS HETEROPHYLLUS

Moracées

Jacque

Angl. : Jackfruit.
Esp. : Jaca, Ambi.

Le jacquier, analogue à l'arbre à pain, se différencie par ses feuilles plus petites, non découpées, et nervées de jaune. Les fruits à la forme oblongue viennent généralement par grappes de 5 ou 6 qui pendent lourdement, parfois même le long du tronc; lourdement, et pour cause : un spécimen peut atteindre 30 kg et 80 cm de long ! C'est le plus gros des fruits de la famille, né comme les autres d'une inflorescence.

La culture du jacquier se pratique surtout aux Antilles, en Malaisie et en Inde, d'où il serait originaire; mais on le trouve également en Afrique tropicale et en Amérique du Sud. Ce sont les Portugais qui l'ont

Jacque

introduit au Brésil au XVIIe siècle; de là il a gagné les Antilles dans les années 1700.

On connaît des espèces de jacque à la peau jaune, brune et même bleuâtre. Toutefois, le fruit, plus ou moins volumineux, bardé de protubérances écailleuses au milieu de petits alvéoles, est le plus souvent vert. À l'intérieur prennent place une quarantaine de grosses graines rangées le long d'une espèce de trognon central. La pulpe qui les entoure vous rebutera peut-être par son odeur de rose pourrie. Elle est un peu caoutchouteuse, et de cet amalgame de chair fibreuse il convient de dégager la partie qui entoure le noyau et qui se détache en forme de grosses pelures jaunâtres. De l'opération votre couteau ressortira peut-être (selon les variétés) couvert d'une sève blanche qui adhère aux doigts; ce latex sert d'ailleurs de colle en poterie. Un conseil : trempez votre outil dans l'huile avant d'opérer !

Vous récolterez suffisamment de

ces pelures en forme de petite bourse entrouverte pour toute une assemblée; pensez à les fourrer de glace à la vanille... On peut également frire l'ensemble de la pulpe ou la faire bouillir, dans du lait de coco, comme à Java. Les Indiens la préparent en curries, comme de la viande, dont elle a d'ailleurs la texture élastique. Encore verte, donc dure, mais râpée et séchée, elle entre comme légume dans la cuisine tropicale d'Extrême-Orient.

La graine blanche, de la grosseur et du goût de la châtaigne, se mange bouillie, ou séchée et moulue en farine. Elle est très riche en protéines : 6,6 %. Mais crue, elle est toxique.

Oiseaux et insectes qui virevoltent autour des jacquiers obligent parfois à protéger chaque fruit d'un sac; ils témoignent du sucré et de l'agréable...

Serez-vous conquis également ? Si l'odeur du fruit vous rappelle quelque peu le dourian, la saveur et la texture en sont bien différentes. Votre verdict dépendra vraisemblablement du fruit sur lequel vous aurez jeté votre dévolu; en effet, il existe des variations tout aussi sensibles dans la qualité que dans la taille du fruit. Le mode de reproduction par semis, d'une part, et l'existence de deux types de fruits, d'autre part, expliquent les différences. On distingue en effet les variétés à chair molle de celles à chair ferme, ce qui permet d'opérer une première discrimination entre les quelque trente variétés recensées. Généralement, les pulpes juteuses et fermes ont meilleur goût.

Jacque, partie comestible

La jacque vous conduira peut-être jusqu'au **Cempedak**. D'ailleurs, la confusion n'est pas rare entre ces deux fruits. Le cempedak (*Artocarpus integra* ou *integrifolia*) est originaire de la péninsule malaise. Jaune brunâtre, il est en fait plus petit et allongé en forme de cacahuète. Sa chair plus crémeuse que celle de la jacque est souvent brun-roux. Ses épines sont moins marquées et plus larges. Les noyaux sont mats.

Notez aussi l'existence du **marang** *(Artocarpus odoratissima),* dont la chair blanche et douce se sépare en quartiers qui adhèrent au trognon central du fruit. On le trouve notamment dans le sud des Philippines.

Que ce soit jacque ou cempedak, pensez à bien mastiquer leur chair, car elle est difficile à digérer pour les estomacs délicats; et évitez tout alcool ou toute boisson fermentée avec ces fruits qu'il convient mieux de prendre entre les repas. La jacque constituera un « en-cas » nourrissant avec ses 20 % de sucre et ses quelques protéines (1,5 %). On pourra aussi faire bouillir la chair de la jacque dans du lait; celui-ci, une fois passé et refroidi, prendra une allure de gelée orange.

AVERRHOA BILIMBI

Averrhoacées

Bilimbi

Angl. : Blimbing, Cucumber Tree Fruit.
Esp. : Camia.

Ce n'est pas un hasard si le bilimbi rappelle la carambole puisqu'ils appartiennent au même genre. La forme étoilée est ici remplacée par un aspect de petit concombre jaunâtre de 5 à 10 cm; on distingue cependant cinq côtes le parcourant dans sa longueur.

L'acidité du fruit est telle que, malgré son jus abondant, on ne le mange jamais cru, mais en confiture, sirop, pickle et curry accompagnant les viandes. Et ne croyez pas qu'il doive mûrir davantage : s'il est jaune, mou, juteux et charnu avec quelques graines plates au centre, c'est qu'il est à point ! Comme celui de la carambole, son jus décape les métaux et enlève certaines taches sur les tissus.

Natif de Malaysia ou d'Indonésie, on le trouve également au Sri Lanka, en Thaïlande et à Hawaii.

AVERRHOA CARAMBOLA

Averrhoacées

Carambole

Fr. : Pomme de Goa, Groseille de Coromandel.
Angl. : Star Fruit*.
Esp. : Carambola.

Carambole

Étonnante et tout aussi gaie que son nom, la carambole jaune d'or scintille comme une étoile à cinq ou six branches, et réveille par l'acidité de sa pulpe charnue et juteuse. Sa brillante et douce peau jaune, parfois teintée d'orange, s'avère quelque peu cireuse au toucher. Dans chacun des ailerons saillants qui parcourent le fruit sur ses quelque 5 à 8 cm de long se logent deux graines plates.

Les caramboles, tout comme bien sûr les fleurs rouges et blanches qui les précèdent, présentent l'originalité de venir en grappes tant sur les branches que sur le tronc. L'arbuste, d'une dizaine de mètres, pousse dans la majorité des pays tropicaux. On le croit originaire d'Inde ou d'Indochine, et de fait la carambole est avant tout un fruit asiatique, mais il fructifie également en Floride, en Californie, en Amérique du Sud, aux Caraïbes et à Hawaii. Les caramboles importées en Europe, disponibles en hiver et au printemps, proviennent principalement du Brésil.

On distingue deux espèces aux baies plus ou moins acides. L'une, de saveur assez douce, est merveilleuse crue, en jus ou en salade de fruits; l'autre, plus aigrelette, a les côtes moins marquées : on la préférera en confiture, en gelée, chutneys, ou comme au Viêt-nam pour la préparation de sauces au curry et de saveur aigre-douce.

Quoi qu'il en soit, c'est un fruit peu sucré (4-5 % de sucres), même parmi les variétés les plus douces dont la Chine se targue de produire les meilleures. Qualité et goût sont très variables. L'acide oxalique que la carambole contient lui confère une saveur tout à fait particulière, mais qui disparaît à la cuisson. En outre, on peut trouver qu'après celle-ci la pulpe se durcit. On recommande donc de goûter au fruit cru, d'autant qu'il est riche en vitamine C. Choisissez-le ferme et mâchez-le bien, il en aura plus de saveur. Il est mûr lorsque ses côtes brunissent légèrement. Peu calorique (33 cal/100 g), la carambole ne contient pas de fibres.

Hormis la cuisine, pensez au jus pour détacher le linge et polir les métaux. En effet, l'oxalate de potassium que le fruit vert contient en fait un bon décapant de la rouille.

* *À ne pas confondre avec star apple ou caimite (voir p. 67).*

BERTHOLLETIA EXCELSA

Lécythidiacées

Noix du Brésil

Angl. : Brazil Nut.
Esp. : Nuez del Brazil.

Le fruit de l'arbre du Pará qui se trouve surtout au nord du Brésil, dans les Guyanes et au Venezuela, dans la forêt amazonienne, a toute l'allure d'un melon bien rond. C'est un fruit indéhiscent, à la coque très dure, de quelque 20-30 cm de diamètre. L'arbre porte jusqu'à 600 de ces gros fruits qui pèsent chacun de 2 à 3 kg. Les noix à la forme tarabiscotée que nous connaissons s'y trouvent logées, serrées les unes contre les autres. Il y en a de 25 à 40, disposées en éventail à l'intérieur. Leur coque à trois ou quatre faces est très coriace, et elle adhère

Noix du Brésil

considérablement à l'amande triangulaire.

L'amande a le goût de la noix de coco sans en avoir la saveur si marquée. Cette fine texture blanche est fort riche en calories (675 cal/ 100 g) et en matières grasses (65 %). Elle ne l'est pas beaucoup en vitamines. Parmi les minéraux, c'est le phosphore qui est le plus abondant (600 mg/100 g). De plus, la noix du Brésil possède une caractéristique rare chez les végétaux : une forte teneur en acides aminés soufrés. Or le soufre est un des éléments indispensables à la vie et et que notre organisme ne peut fabriquer.

BLIGHIA SAPIDA

Sapindacées

Aki

Angl. : Akee.
Esp. : Aki.

L'aki est un des rares fruits renommés qui nous viennent d'Afrique, du golfe de Guinée plus exactement. Les esclaves noirs l'ont introduit à la Jamaïque, puis l'arbre s'est répandu en Amérique, sous les tropiques exclusivement, puisque telles sont ses exigences. Mais la Jamaïque demeure le centre principal de la culture de l'aki.

Les fruits varient du jaune au rouge; ils sont plus ou moins ovoïdes et font 7-8 cm de diamètre. Leur peau lisse, à taches rosées, pourrait rappeler la pêche... Il vous sera facile d'ouvrir un fruit tendre à point, car il se sépare naturellement en trois parties abritant chacune un noyau noir, rond, brillant et... vénéneux ! Un parfum douceâtre s'exhale alors de la pulpe charnue. Jaunâtre la plupart du temps, celle-ci évoque la texture des œufs brouillés par son aspect huileux, turgescent et irrégulier.

Cette excroissance tégumentaire, sorte d'arille qui constitue la pulpe au goût subacide, ne doit surtout pas être mangée si le fruit est trop mûr — la couleur rouge devient alors très sombre — et s'il a commencé à fermenter. En revanche, vous vous régalerez du fruit une fois cuit avec du beurre ou servi en sauce. Le maximum de saveur est obtenu en battant la chair en mousse.

La Jamaïque en a fait un ingrédient à part entière de sa gastronomie : on y utilise par exemple l'aki dans la préparation de plats de poisson avec du piment et des tomates.

Aki Ph. © J.-P. Hervy-Jacana

BORASSUS FLABELLIFER

Palmiers

Palmyra

Angl. : Sugar Palm, Sea Apple, Lontar.

Ce palmier aux larges feuilles en éventail est d'origine asiatique et, comme bien des membres de la famille des Palmiers, il se prête à maints usages utiles à l'homme, son bois étant imputrescible. En outre, la sève fournit un vin de palme estimé.

Ses fruits poussent en grappes, comme les noix de coco; mais plus petits que ces dernières, ils sont plutôt ronds bien qu'aplatis à leurs deux pôles. Entourant la base du fruit, les bractées de la fleur, larges feuilles vertes qui se révèlent dures.

Ce sont les trois étonnantes graines que contient chaque fruit qui font généralement l'objet du commerce sur les marchés locaux. Étonnantes graines certes, puisqu'elles renferment une chair géla-

Palmyra (à droite)

tineuse contenant même une petite quantité d'eau légèrement sucrée. Elles ont la forme d'un cœur sans pointe et sont le plus souvent présentées à la vente une fois dégagées de la coque fibreuse du fruit. Celle-ci est encore dure et légèrement verte quand on cherche à la fendre à grands coups de couteau pour atteindre les poches désaltérantes. Plus tard, le fruit prend une couleur pourpre et les fibres de la coque s'amollissent; elles peuvent être utilisées dans la préparation de desserts. Très mûr, le fruit dégage une odeur sucrée presque écœurante.

BOUEA GANDARIA

Anacardiacées

Gandaria

Angl. : Mango Plum.

Très pragmatiques, les Anglais ont su donner à ce fruit le nom de *mango plum* qui permet de l'identifier au mieux : de la taille d'une prune quetsche certes, il est aussi très proche des mangues, de la famille desquelles il fait partie.

Sucez bien ce gros noyau plat auquel adhèrent quelques fibres de la pulpe : un peu de la saveur, un peu de la texture de la mangue sont là, dans cette chair juteuse mais peu abondante. On pourrait être aussi tenté, en se fiant à la couleur orangée de ce petit fruit, de le comparer à un abricot quelque peu acidulé. Mais, couleur et taille mises à part, la peau lisse qui se pèle aisément lève les dernières confusions. Quelque 5 à 10 fruits par grappe, une saveur un tantinet poivrée et un noyau étrangement violet en son intérieur ? C'est bien de la gandaria dont il s'agit. On la trouve en Malaisie et en Thaïlande. Elle est à manger crue, en compote ou en confiture.

Gandaria

*CALOCARPUM MAMMOSUM**

Sapotacées

Sapote

Angl. : Mamey Plum, Marmalade Plum, Red Sapote.
Esp. : Mamey Zapote, Mamey colorado.

Le nom de « sapote » désigne parfois abusivement l'*Achras sapota* ou sapotille : cette erreur s'explique par une certaine ressemblance entre les deux fruits.

D'arôme discret, la sapote est tout aussi sucrée que la sapotille. Un peu rugueuse et également de couleur cannelle, mais plus dure, elle abrite une abondante chair moelleuse; celle-ci, cependant, est d'une vive couleur saumon, parfois même rouge. Sa texture dense et pâteuse rappelle le fondant de l'avocat; le fruit en a d'ailleurs très exactement la forme, et, une fois l'unique noyau noir et luisant retiré, c'est comme un avocat que l'on mangera la sapote, à la petite cuiller et arrosée d'un jus de citron.

Originaire des basses terres d'Amérique centrale, la sapote s'est tôt répandue au sud du continent, et aujourd'hui elle atteint le Brésil à l'est et le Pérou au sud. En Asie, on la trouve notamment aux Philippines.

Au Venezuela, les autochtones, qui connaissent le fruit et ses usages depuis des millénaires, en extraient une huile qu'ils utilisent contre la chute des cheveux. Le noyau également joue un rôle en Amérique centrale, puisque, une fois grillé et moulu, il est conjointement utilisé avec le cacao dans la préparation du chocolat local.

* *Ou* Lucuma mammosa.

Sapote

Quant au fruit lui-même, il se distingue par son apport en vitamines P et C (de 20 à 30 mg/100 g). C'est un fruit nourrissant qui, d'ailleurs, a permis à Cortès et à son armée de survivre lors de la marche qui les conduisit de la ville de Mexico jusqu'au Honduras : il fournit 107 calories et 26 g de sucre pour 100 g.

CANARIUM OVATUM

Burséracées

Noix de pili

Angl. : Pili Nut
Esp. : Nuez de pili

L'arbre rigoureusement tropical qu'est *Canarium ovatum* prospère dans quelques îles du Sud-Est asiatique, et surtout aux Philippines. Une de ses proches espèces fournit d'ailleurs une gomme entrant dans la fabrication de vernis et qui est connue sous le nom de « élémi de Manille ».

La noix de pili n'offre en principe qu'une seule amande. En principe, et aux exceptions près..., puisque l'ovaire contient à l'origine six ovules et que, généralement, un seul se développe. Cette amande est entourée d'une coque épaisse, l'endocarpe, lui-même couvert d'une pulpe molle dont la peau passe du vert au pourpre presque noir au fur et à mesure que le fruit mûrit. Pour dégager la noix de ce manteau, un moyen : le trempage dans l'eau très chaude. La voilà qui fait son apparition, triangulaire, oblongue et pointue aux deux bouts. Encore faut-il briser la dure coque qui protège l'amande comestible.

Le jeu en vaut la chandelle pour les valeurs nutritives de cette noix de pili : 75 % de matières grasses et de 12 à 16 % de protéines.

CARICA PAPAYA

Caricacées

Papaye

Angl. : Pawpaw.
Esp. : Papaya.

La papaye est sans doute un des fruits les plus connus des tropiques. Cependant, selon l'espèce, la taille, la couleur et la forme du fruit varient considérablement : il peut faire de 15 à 60 cm de long, être rond ou très allongé, et peser jusqu'à 8-10 kg.

Si le Brésil connaît de petites papayes orangées, d'autres pays d'Amérique du Sud en produisent de plus grosses, vertes ou jaunâtres. Une des explications de la forme plus ou moins allongée de la papaye tient au sexe des fleurs, le même arbre portant des fleurs mâles, des fleurs femelles, ou des fleurs hermaphrodites. Une fleur hermaphrodite donnera un fruit plus allongé que ceux, ronds ou ovales, provenant d'une fleur femelle. La saveur est naturellement plus soutenue dans les petits fruits, mais on appréciera toujours cette chair sucrée, moelleuse et rafraîchissante d'où s'échappe parfois un parfum musqué.

L'origine de la papaye se situe probablement dans le sud du Mexi-

Papaye

que; elle s'est ensuite répandue en Amérique tropicale. Un siècle environ avant que n'arrivent les Espagnols, elle l'était déjà largement au Pérou; les cultures Chimú et Nazca ont laissé des représentations qui témoignent de sa présence. Puis elle se dissémina à travers le globe à partir de la découverte du Nouveau Monde. Cette diffusion fut rapide et ne rencontra aucun obstacle; en effet, les graines conservent longtemps leur pouvoir germinatif et l'arbuste pousse rapidement, donnant des fruits nombreux (100 environ) dès la première année, puis pendant 4-5 ans; de plus, il s'adapte à divers environnements, à la seule condition qu'il fasse suffisamment chaud.

Amérique, Asie, Afrique... : pour acheter une papaye, revoyez votre vocabulaire : *mamão* au Brésil, *papaya* généralement en espagnol, mais *melonzapote* au Mexique...

En Europe, les papayes sont connues depuis le XVIIe siècle mais, en raison de leur fragilité, on n'en trouve encore que très rarement chez nos commerçants.

Le papayer occupe une place importante dans les jardins des régions tropicales, tout spécialement d'ailleurs en Inde où il fut introduit dès le début du XVIe siècle. Un long tronc dépouillé supporte en son faîte de grandes feuilles palmées à sept lobes, sous lesquelles pendent les papayes groupées comme en grappes.

Lorsqu'on ouvre le fruit, on découvre une chair ferme, jaune plus ou moins orangé, qui au centre laisse place à une grande cavité remplie de nombreuses graines noires entourées d'une substance gélatineuse. Si vous en croquez une par mégarde, vous constaterez combien elles sont amères et poivrées. Néanmoins, les propriétés médicinales nombreuses de la papaye vous conduiront peut-être à recourir non seulement à la pulpe mais aussi à ces graines et aux feuilles du papayer.

Les graines broyées sont tenues pour un excellent moyen de lutte contre les amibes et divers parasites intestinaux; les feuilles, quand elles sont chaudes et appliquées sur la peau, atténueraient les douleurs articulaires, les contusions et les blessures purulentes. Les propriétés de la papaye proviennent de la papaïne qui se diffuse dans toute la plante à travers le flux d'un latex blanc; celui-ci s'observe facilement lorsqu'on entaille la peau du fruit vert : des gouttes d'un liquide blanchâtre et inodore suintent petit à petit, collant aux doigts. Recueillez-le pour l'utiliser frais ou sec. Il est précieux du point de vue médicinal; ses propriétés digestives, principalement, sont indiscutables.

La papaïne dissout les substances albuminoïdes, les transforme en pepsines, enzymes nécessaires à la digestion des protéines; elle émulsionne les graisses, faisant de la papaye le fruit idéal des dyspepsiques. Elle régularise également les fonctions du foie, réduit les ballonnements, aide à soigner les ulcères de l'estomac et du duodénum...

Sachez aussi que la papaye apporte autant de vitamines B1, B2 et C que l'orange et beaucoup de vitamine A (1 750 U/100 g). En outre, elle est riche de 8 à 11 % de sucre inverti.

L'action dissolvante de la pa-

Papayers *Ph. Ruth Ballangé*

païne ne doit pas être négligée pour ramollir cors et durillons... ni pour attendrir une viande coriace ! Il vous suffira de couvrir votre viande d'une couche de pulpe de fruit vert; ce procédé est très utilisé en Inde et en Amérique du Sud — à juste raison : la papaïne peut dissoudre jusqu'à 2 000 fois son poids en fibrine.

L'importance du latex de la papaye à usage pharmaceutique et même industriel a encouragé des pays comme le Sri Lanka, l'Ouganda et la Tanzanie à développer des cultures destinées à l'extraction de ce latex. Traité en Europe et aux États-Unis, il entre dans la fabrication de médicaments, de produits industriels — par exemple pour alléger la bière, pour assouplir le cuir et la laine —, et aussi dans la préparation de produits cosmétiques. Du point de vue des soins de la peau, vous observerez d'ailleurs que la pulpe d'une papaye mûre exerce une action nettoyante sur le cutis; attention cependant à ne pas la laisser appliquée trop longtemps... On peut également débarrasser des vêtements de taches de sang en les plongeant dans une eau préparée avec des feuilles ou de la pulpe verte de papaye.

Sur un plan plus épicurien, la papaye ne nécessite rien de plus qu'un éventuel jus de citron; d'aucuns ajoutent du sucre, du sel ou du poivre comme en Angola. Les fruits verts seront cuits comme légume ou dégustés crus, râpés en salade. Pour le dessert, on appréciera les sorbets ou les tartes. Néanmoins, la pulpe perd de sa saveur à la cuisson. Vous constaterez vraisemblablement de grandes différences de qualité selon l'origine de ces fruits. En outre, les plants hermaphrodites produisent généralement des fruits plus sucrés et à la chair plus ferme. Les grands fruits sont plutôt destinés à la consommation locale. L'exportation concerne les fruits de plus petite taille, les variétés sélectionnées, généralement du type **Solo**. Le Brésil en est le principal fournisseur pour l'Europe. Vous les reconnaî-

Papaye sauvage

Papaye sauvage

trez à leur chair juteuse, sucrée et de couleur rouge.

Les papayes sauvages

Le **chilguacán** (*Carica candamarcensis*) et le **chamburo** (*Carica chrysopetala*) sont des fruits très semblables qui seraient originaires de l'Équateur, pays où les papayes « de montagne » sont les plus nombreuses : elles poussent aux environs de 3 000 m. Comment mieux les décrire qu'en les comparant à de petits « babacos » (voir ci-contre) dont la couleur de peau varierait du jaune au marron? D'aspect plus rustique, ils ont également une chair plus ferme. L'intérieur rappelle la papaye avec cette cavité où se logent de petites graines noires enrobées d'une substance gélatineuse. Une fois le fruit pelé et coupé en tranches, faites-le cuire dans un sirop de sucre. Mais vous ne trouverez ces fruits que très occasionnellement sur les marchés : la consommation en est locale.

La **papaye sylvestre** (*Carica goudotiana*), connue sous le nom de *papayuela*, est plus répandue. C'est un fruit que l'on ne trouvera qu'à moins de 1 200 m d'altitude, car il ne possède pas les facultés d'adaptation de ses deux cousins ci-dessus cités. Même pulpe visqueuse, même latex blanc que tous les *Carica*. Faites cependant attention aux graines, qui n'ont pas les vertus de celles de la papaye; en effet, elles peuvent causer des occlusions intestinales en se dilatant et en se collant entre elles.

CARICA PENTAGONA

Caricacées

Babaco

Le babaco, bien moins connu que la papaye, présente néanmoins avec elle un air de famille. Les cinq côtes discrètes de la papaye sont ici nettement accentuées, ce qui vaut d'ailleurs au babaco la dénomination scientifique qui est la sienne : *Carica pentagona*. L'œil observateur reconnaîtra aussi le même jus laiteux que celui qui s'écoule de la papaye; il le verra suinter par les entailles ouvertes dans la peau du fruit vert, et le regardera perler comme de petites gouttes nacrées à la surface de la chair sectionnée. Ce latex parcourt la plante entière, du tronc aux feuilles. Recueillez-le pour ses propriétés médicinales : il contient un suc riche en papaïne, véritable « pepsine végétale » qui facilite notamment la digestion (voir Papaye, p. 57).

La moindre renommée du babaco s'explique vraisemblablement par une diffusion plus restreinte; il exige des milieux abrités. On le trouve notamment en Équateur.

Pour « attaquer » un de ces spécimens, attendez que sa peau soit devenue presque jaune. Ouvrez-le dans le sens de la longueur; l'intérieur est uniformément blanc. La chair, d'une épaisseur de 2 cm, est très acidulée, extraordinairement juteuse, et fond dans la bouche comme des œufs à la neige! Au palais, la saveur du babaco tient du pamplemousse. Une grande cavité au centre abrite une substance cotonneuse, très aérienne, qui fond également sous la langue. Cette pulpe est si légère qu'un fruit se mange facilement en entier.

Sans doute parce qu'il est plus acide que la papaye, on n'utilise guère le babaco pour confectionner des jus. Plus prisé en sirop ou flambé, on en fait également des gâteaux, comme le *rosado* de Quito.

Plant de babaco

Babaco ouvert

CARYA ILLINOENSIS

Juglandacées

Pacane

Fr. : Noix d'Hickory, Noix pacane.
Angl. : Pecan.
Esp. : Pacana.

Le pacanier est à l'Amérique du Nord ce que le noyer est à l'Europe occidentale. C'est un grand arbre qui pousse spontanément dans les lieux frais et humides de l'est des États-Unis : les premiers explorateurs racontèrent que les Indiens des États d'Indiana et d'Illinois s'en nourrissaient couramment. Le nom est d'ailleurs d'origine indienne, algonquine plus exactement. Tout comme le mot « hickory », passé en français, et désignant les arbres du genre *Carya* réputés pour leur bois très résistant, et dont le pacanier est une variété.

La noix pacane est ovale, sa coque de couleur marron est lisse et mince; on y trouve logée une amande comestible à deux lobes qui se dégage facilement. De goût délicat, elle se révèle très digeste.

Noix pacane

Ne pas confondre la pacane avec la **noix pécan**, fruit de *Caryocar nuciferum* .

CASSIA FISTULA

Caesalpiniacées

Casse

Angl. : Cassia.
Esp. : Caña fistula.

Casse

Les *Cassia* ont des représentants dans presque toutes les régions chaudes du monde (on en trouve même jusqu'à 1 200 m dans l'Himalaya), mais c'est surtout l'Amérique tropicale qui en est riche : on y compte 200 espèces ! Les cassiers (ou canéficiers) sont donc fort répandus. Ce sont des Légumineuses luxuriantes, parfois herbes, parfois arbustes ou même arbres, qui fournissent la casse, fruit dont on distingue deux types. L'un et l'autre sont utilisés en médecine de longue date pour leurs propriétés purgatives.

Les **casses à séné** sont des gousses aplaties à deux valves qui abritent des graines comprimées latéralement, logées chacune dans une sorte de fausse cloison. Attention ! le séné peut provoquer des coliques*. Les fruits sont des gousses noirâtres, cylindriques et ligneuses. Longues de 45 à 60 cm et larges de 3-4 cm, droites ou arquées, elles sont lisses avec des stries transversales peu marquées. À l'intérieur, elles sont divisées par de nombreuses cloisons transversales, et entre chacune d'elles une graine ovale et aplatie baigne dans une pulpe sucrée de couleur noire. Celle-ci constitue une friandise, mais elle est aussi utilisée à des fins médicinales. Il faut veiller à ce qu'elle ne soit pas desséchée : le fruit ferait alors un bruit de grelot. On brise la gousse au marteau et on racle la pulpe. C'est en tisane (30 g par litre d'eau) qu'elle exerce son action purgative. On peut également en faire des conserves.

** Les autres casses, dont la casse fistuleuse, offrent en revanche un laxatif plus doux.*

CASTANEA SATIVA

Châtaigne

Angl. : Chestnut.
Esp. : Castaña.

Chauds, les marrons, chauds ! Les marrons ? Non, ce sont les châtaignes qui font leur apparition à temps pour réchauffer les cœurs et les mains, refroidis à l'approche inéluctable de l'hiver. Les marrons d'Inde (famille des Hippocastanacées) ne sont pas comestibles.

La châtaigne se tient bien à l'abri dans une coque épaisse et coriace, recouverte d'épines divergentes en étoile (la bogue); à l'intérieur, un nombre variable d'akènes (une seule grosse graine pour le marron), plans sur une face, convexes sur l'autre; chacun renferme, sous un péricarpe coriace et duveteux à l'intérieur, une seule graine charnue, féculente et aux rides plus ou moins marquées.

Fruit des premiers froids donc. Les restes paléolithiques nous apprennent que les espèces de châtaigniers étaient assez nombreuses à l'époque tertiaire et confinées aux régions arctiques; Groenland, presqu'île d'Alaska, mais aussi terrains miocènes de Syrie et terrains tertiaires d'Europe et d'Amérique, voilà quelques-unes des terres d'origine du châtaignier.

Pourtant, de nos jours, c'est plutôt un grand arbre sensible au froid, aux gelées printanières, et qui habite plus volontiers l'Europe méridionale, l'Asie tempérée et l'Amérique septentrionale. Il est d'ailleurs

Châtaigne *Ph. © P. Pilloud-Jacana*

fort capricieux : pas de terrains calcaires ni de sols argileux, mais des terres siliceuses ! Ce qui ne l'empêche nullement de battre bien des records de longévité : des châtaigniers de 1 000 ans ont été identifiés sur l'Etna et à Sancerre. Le nom *Castanea* proviendrait d'une ville de Thessalie qui était remarquable pour ses superbes représentants de l'espèce.

En Europe, nous connaissons *Castanea sativa*, l'espèce type; *Castanea dentata* et *pumila* se trouvent en Amérique du Nord; d'autres espèces sont originaires de Corée et de Chine, *C. crenata* et *C. mollissima* respectivement. Mais attention ! le nom de « châtaignier » ne se réfère pas toujours à des plantes du genre *Castanea :* c'est le cas du châtaignier du Brésil *(Bertholletia excelsa)*, du châtaignier des Indes *(Aesculus hippocastanum)*, du châtaignier d'Amazonie... et puis il y a *Sterculia monosperma*, qui contient deux graines semblables à nos marrons. On les appelle parfois « châtaignes de Chine ».

Le châtaignier commun commence à produire ves la cinquième année et atteint sa production maximum vers 50 ans. Les années à fruit adviennent tous les deux ou trois ans; chaque année, il y a toutefois une fructification partielle, et on évalue la production annuelle moyenne par arbre à 60 kg de fruits.

Il fut une époque où le commerce intérieur et extérieur de ces fruits était très important : à la fin du XIXe siècle, Paris achetait 6 millions de kilos de châtaignes au cours de l'hiver. Il existait de nombreuses variétés, propres à chaque région.

La valeur alimentaire de la châtaigne était alors reconnue; dans les pays de châtaigneraies et dans les contrées qui ne produisaient pas assez de céréales, les paysans et les montagnards l'incluaient largement dans leur alimentation. D'ailleurs, la composition de ce fruit est proche de celle du blé : richesse en amidon, 40 % de glucides, 4 % de protéines, 2,6 % de lipides et un bon nombre de sels minéraux, du potassium et du magnésium tout particulièrement, enfin des vitamines B1, B2 et C. Certes, son grand pouvoir calorique (200 cal/100 g) l'a fait écarter de nos tables, tout comme les céréales d'ailleurs; en outre, elle est interdite aux diabétiques. Toutefois, elle ferait le plus grand bien à notre génération de dyspepsiques.

Entaillées puis grillées, épluchées et cuites à l'eau ou au lait, on peut aussi tirer des châtaignes une farine pour confectionner des purées ou des gâteaux. On en fait encore des marrons glacés ou des confitures. Dans certaines régions on les fait sécher au soleil ou à la fumée pour les conserver toute l'année (il faut alors les faire tremper pour les consommer).

CERATONIA SILIQUA

Caesalpiniacées

Caroube

Fr. : Carouge.
Angl. : Carob.
Esp. : Algarroba, Garrofa.

Le caroubier est un bel arbre propre aux régions méditerranéennes. Pourtant, en Europe, il est rare que l'on goûte à son fruit cru qui sert essentiellement de nourriture au bétail. Il s'agit d'une gousse marron, plus ou moins allongée, parfois légèrement arquée, et gorgée d'une pulpe sucrée de couleur brunâtre contenant de petites graines. Cette pulpe contient un mucilage utilisé en pharmacie et l'on en fait une farine alimentaire donnée aux bébés dans les cas de gastro-entérite.

D'après une tradition orthodoxe, saint Jean se serait nourri de ca-

Caroube Ph. © Rudolf König-Jacana

roube dans le désert; c'est pourquoi au Moyen Âge on baptisa la caroube « pain de saint Jean ».

Elle est nourrissante en effet, car elle renferme du sucre et une notable proportion de matières grasses. D'ailleurs, elle entre dans la fabrication d'un succédané du chocolat que les végétariens adoptent pour éviter les excitants du cacao. Sa saveur en est à peine plus âcre. Les Canadiens l'utilisent volontiers dans des gâteaux.

CHRYSOBALANUS ICACO

Chrysobalanacées

Icaque

Fr. : Prune-coton.
Angl. : Icaco.
Esp. : Hicaco, Icaco.
Brés. : Vajuru.

Son apparence extérieure vaut à cette drupe le nom de **prune-coton** : petite et ronde comme une prune, à la peau fine, jaune, rouge ou violette tirant parfois sur le noir, elle se distingue de certaines grosses prunes par le léger duvet blanc qui la recouvre. Le coton, quant à lui, est à l'intérieur : c'est une pulpe blanche, peu abondante, insipide, astringente, et réellement fort cotonneuse, qui adhère à un singulier noyau à cinq arêtes. Cette chair est si molle et la peau du fruit si fine qu'on déforme parfois ce dernier rien qu'à le cueillir.

On apprêtera cette pulpe aigre-douce en compote : étonnamment, le fruit une fois pelé et mis sur le feu vire au rouge...

Peu prisée, l'icaque est néanmoins très répandue car elle pousse spontanément sur les côtes de l'Amérique tropicale où l'on remarquera peut-être la floraison abondante de l'arbrisseau haut de 4 ou 5 m. Originaire des Antilles, on le trouve en Amérique centrale et aussi en Afrique.

Icaque Ph. © E. Karl-Jacana

CHRYSOPHYLLUM CAINITO*

Sapotacées

Caïmite, Caïnite

Fr. : Pomme étoilée.
Angl. : Star Apple.
Esp. : Abiaba, Manzana estrellada.

Star apple ? « Pomme étoilée » ? Oui, la ressemblance avec les

* *Ne pas confondre avec le « caimito » du Pérou, de la même famille certes, mais d'espèce distincte, que l'on appelle aussi « abi », « abiu » ou « caimo »* Pouteria caimito.

pommes justifie partiellement ce nom, bien que les caïmites à la peau lisse, fine et brillante soient parfois de la taille d'une prune et que, abandonnant leur couleur jaune-vert, ils revêtent parfois une robe pourpre. Quant à la forme en étoile, elle se dévoile lorsqu'on ouvre un fruit horizontalement. Sous la peau apparaissent une couche de pulpe de même couleur, granuleuse, douce et légèrement fade, puis une chair blanche, fondante, translucide et gélatineuse qui est très douce, sans acidité aucune chez le fruit mûr; cette chair est divisée en huit à dix quartiers disposés en forme d'étoile dont chacune des branches contient une graine... sauf avortement bien sûr.

Le fruit est répandu à la Jamaïque, à Cuba et à Haïti, ses pays d'origine; les Antilles, le Mexique, le Venezuela, la Floride, le Brésil, la Guyane, les Indes, les Philippines et l'Océanie vous permettront de goûter au caïmite ou aux confitures qu'on en fait. Mais attention ! la période de récolte est très courte et le fruit doit absolument être cueilli mûr, sinon il ne mûrit plus... Il est encore vert si un latex blanc s'écoule de la peau entaillée et si la pulpe présente une certaine astringence. D'ailleurs, il convient de le manger bien « fait »; il est alors mou et à peine ridé. Goûtez-le bien frais. Et notez son taux de sucres : 14 % ! Un jus de citron en relève agréablement le goût.

Les Mexicains recommandent le fruit en cas de dérangements intestinaux. De plus, l'écorce de l'arbre en décoction serait un expectorant efficace.

Le caïmite fait partie de la grande famille des Sapotacées : le latex blanc qui exsude de la peau en témoigne... Le *caimitillo* ou *satin-leaf fruit (Chrysophyllum oliviforme)* lui est très semblable, mais en plus petit et plus allongé; sa peau noire est si caoutchouteuse que les enfants des peuples indigènes le mâchonnent comme du chewing-gum. La pulpe imprégnée de liquide laiteux est douce et fond dans la bouche.

CITRULLUS LANATUS

Cucurbitacées

Pastèque

Fr. : Melon d'eau.
Angl. : Water Melon.
Esp. : Sandia.

Le nom du fruit vient de l'arabe *batica*, qui a d'abord donné *pateca* en portugais, puis « pastèque » en français.

En effet, la plante est originaire de la vallée du Nil, où de temps immémorial on en recommandait le fruit comme diurétique et purificateur du sang. Dans les pays chauds, elle ne nécessite aucun soin pour fournir de bonnes pastèques, ce qui explique peut-être qu'on en ait fait usage dans des civilisations anciennes.

Qu'elle soit oblongue ou sphérique, vert uni ou marbré, à la chair rougeâtre ou plutôt jaune*, elle sera toujours bienvenue quand il fait chaud. Comme les Égyptiens d'a-

** On en trouve à la pulpe jaune vif, notamment à Taiwan : elles sont plus sucrées.*

Pastèque Ph. Ruth Ballangé

lors ou les Grecs d'aujourd'hui, dégustez-la avant les repas ou, mieux encore, seule avec du pain grillé ou de petits gâteaux secs pour éviter toute difficulté de digestion liée à des incompatibilités.

Vous pouvez faire sans danger des cures de pastèques en guise de traitement diurétique. La chair contient 93 % d'eau. Mais ne consommez pas les graines : elles seraient cancérigènes. Pour choisir un bon fruit, il faut qu'en le tapant d'une main, alors qu'on le tient de l'autre, on ressente de fortes vibrations et que l'intérieur sonne creux.

CITRUS AURANTIUM SINENSIS

Rutacées

Orange

Angl. : Orange.
Esp. : Naranja.

Quand il s'agit d'orange, on croit savoir de quoi l'on parle; et pourtant, dans le monde, l'orange réserve des surprises qui vont audelà de la diversité que nous connaissons en Europe. Il en existe au total plus de cent variétés, très différentes les unes des autres. Toutes ont un point commun : une peau adhérant à la pulpe.

L'histoire de l'orange nous fait remonter à l'**orange amère,** la **bigarade,** qui fut en fait la première orange, et le second agrume à être introduit en Europe — le cédrat l'ayant précédé de plusieurs siècles — grâce aux Arabes, au XIe siècle environ. L'Italie et l'Espagne furent ses premières terres d'accueil. Son habitat original demeure incertain : on pense à l'est de l'Inde et à la Chine. Malgré des siècles de présence sur nos sols, l'orange amère, en raison de son acidité et de son amertume, est peu prisée aujourd'hui; mis à part les Britanniques qui en font leur célèbre marmelade, c'est surtout la cuisine sud-américaine qui l'emploie le plus large-

Oranger

ment. Son importance en parfumerie, elle la doit à un composé chimique particulièrement aromatique; les essences sont extraites de l'écorce du fruit ainsi que des fleurs et des feuilles de l'arbre.

Sur nos tables, c'est une autre orange qui s'est imposée... Pour quelques caractéristiques secondaires sur le plan botanique, mais importantes au palais, elle mérite qu'on la distingue par un nom spécifique. Ainsi, si elle est connue sous celui de *Citrus aurantium* var. *sinensis*, l'appellation *Citrus sinensis* est bien souvent préférée, sans que l'on ait la certitude qu'elle appartienne à une espèce différente de l'orange amère. Il est possible qu'elle soit le résultat d'une hybridation, d'un croisement entre la bigarade et un autre agrume. En tout cas, elle est postérieure à l'orange amère. Ce n'est que 400 ou 500 ans après cette dernière, vers la fin du XVe siècle, qu'elle arriva en Europe, apportée par les commerçants génois ou par les Portugais, qui, après les voyages de Vasco de

Gama, avaient su éliminer leurs concurrents arabes. Venue de Chine, ayant transité par l'Inde, elle s'implanta rapidement dans tout le Bassin méditerranéen... et, dès Christophe Colomb, les premières graines d'oranger traversèrent l'Atlantique. Ainsi, sur toute la planète, l'orange attend l'amateur.

Si l'on fait abstraction de l'orange amère, on peut distinguer trois grands types qui ne sont en fait que des groupes artificiels : les **navels,** les **sanguines** aigres-douces à la chair rouge sang, et les **méditerranéennes** comme la juteuse « Valence », la savoureuse « Maltaise », l'ovoïde « Jaffa »... On trouve chez les navels cette particularité qu'elles ont comme une petite orange imparfaite qui se développerait à l'intérieur de l'autre; cet appendice plus ou moins marqué prend l'apparence d'un nombril, d'où leur nom, *navel* en anglais signifiant « ombilic » ! Il est dû à un ensemble supplémentaire de carpelles chez la fleur. Le cas des fruits doubles est différent : ils sont produits par l'union de deux fleurs... Les sanguines, quant à elles, subissent une pigmentation que le climat, la saison et le degré de maturité contribuent à renforcer plus ou moins. Certaines variétés, d'ailleurs, ne sont rouges qu'à l'intérieur.

En général, un peu d'altitude (de 700 à 900 m) réussit bien aux oranges, car un climat trop chaud leur vaut parfois une peau grosse et décolorée. En fait, la chlorophylle contenue dans la peau de l'orange ne se décolore qu'à une certaine fraîcheur de température; s'il fait chaud, elle masque les pigments jaunes et orange qui se développent lorsque le fruit mûrit. Ce phé-

Oranges et divers agrumes

Oranges de Chine

nomène explique que bien des oranges restent vertes sous les tropiques. A cet égard, mentionnons une espèce d'orange douce, *Citrus sihuiensis*, que l'on trouve en Asie du Sud-Est. Plus petite que *Citrus sinensis*, bien ronde, sa peau fine et très lisse reste teintée de vert. Elle est juteuse et souvent très sucrée. Excellente pour le jus ! D'ailleurs, en vue de la commercialisation, il arrive qu'on expose les fruits à l'éthylène — produit naturellement par certains fruits comme la pomme — pour tuer la chlorophylle.

Voilà quelques exemples illustrant la diversité de ce fruit, l'orange, la précieuse orange : riche en minéraux, en vitamines (B, C, P), son jus est diurétique, laxatif et digestif. Il entretient la souplesse des vaisseaux et c'est un excellent régénérateur des cellules.

Les oranges constituent également la matière première d'une industrie prospère. Les fruits tombés ou abîmés et éliminés au triage ne sont pas jetés. Récupérés par les planteurs, ils sont convertis en jus de fruits, en liqueur, en apéritif, en confiture ou bien servent à la fabrication d'essences et huiles essentielles utilisées en pharmacie, en cosmétologie, en pâtisserie, en confiserie, en chimie... Rien qu'aux États-Unis on en tire plus de six cents produits différents... jusqu'à de l'antigel !

CITRUS AURANTIIFOLIA

Rutacées

Lime

Fr. : Limette, Citron vert.
Angl. : Lime.
Esp. : Lima.

On connaît une des variétés de lime sous l'appellation de limette ou « citron vert ». Malgré son nom, notez qu'il devient jaune à maturité complète, tout en conservant son acidité et en demeurant juteux. Cette lime pousse abondamment en Amérique du Sud et en Asie. Il en existe en fait deux variétés principales. Le **limettier mexicain** ou **des Antilles** donne un petit fruit rond ou ovale, à peau vert foncé; le **limettier tahitien** ou **perse** porte des fruits un peu plus grands, sans pépins, plus juteux et légèrement moins acides. Ce sont eux qui constituent la principale variété commerciale. Le jus de ces fruits est excellent, mais doit être dilué pour éviter les brûlures d'estomac... Certains aiment à sucer le citron vert en le soupoudrant de sel pour en neutraliser peut-être l'acidité.

La lime est originaire de l'Asie du Sud-Est et n'a fait son apparition en

Citrons verts et hybrides

Makrut

Amérique centrale et septentrionale qu'au XVIe siècle. Des siècles auparavant, les croisés avaient encouragé les plantations de limettiers dans les pays méditerranéens. De là, ce furent les Portugais qui, trois siècles plus tard, l'introduisirent en Amérique.

Pour la petite histoire, sachez que c'est cette lime qui était transportée sur les navires de guerre britanniques comme remède préventif contre le scorbut; c'est pourquoi les marins britanniques, et plus tard tous les Anglais, ont été désignés, surtout par les Américains, par le nom de « *limeys* » !

Aujourd'hui, il est reconnu que la lime possède un pouvoir bactéricide considérable. D'autre part, bien des gastronomies l'ont adoptée ainsi que le citron vert pour ajouter une note acidulée aux plats : goûtez par exemple aux *ceviche* sud-américains.

Mais bien que l'on appelle souvent le jus du citron vert *lime juice,* il ne faut pas le confondre avec la **lime commune** ou **lime amère** *(Citrus aurantiifolia).* Ces deux fruits sont d'ailleurs fort dissemblables. Autant l'écorce de la limette est remarquablement mince et verte, autant la lime a une peau épaisse qui peut atteindre 1 cm d'épaisseur. C'est un fruit à l'allure bien grossière, qui pourrait à la rigueur passer pour un gros citron non mûr et verdâtre — du moins si l'on omet d'observer sa forme plus parfaitement sphérique terminée par un mamelon. De la peau émane un parfum âcre qui lui est propre. Ce sont les limes communes d'ailleurs qui donnent à certaines limonades leur goût un peut amer, car elles sont employées dans leur fabrication en raison de leur arôme soutenu. Toutefois, elles ont généralement peu de jus. La **lime sauvage** *(Citrus hystrix)* en a encore moins ! C'est pourquoi on l'utilise plutôt comme condiment dans la préparation de plats cuisinés. C'est le cas, par exemple, du **makrut,** lime à demi-sauvage d'Asie du Sud-Est dont la peau est très granuleuse et l'arôme amer. Feuilles et écorce sont utilisées pour la cuisine, et certaines personnes aiment à se rincer les cheveux avec une eau aromatisée de son jus.

Il est par ailleurs des agrumes dont l'acidité leur vaut d'être appelés limes, même s'ils n'en sont pas. C'est le cas du **kalamansi** ou **lime musquée,** et du **calamondin,** *scarlet* ou *golden lime*. Ce sont en fait des hybrides de kumquat (voir p. 105).

CITRUS BERGAMIA

Rutacées

Bergamote

Angl. : Bergamot Orange.
Esp. : Bergamota.

La bergamote est le moins intéressant des agrumes : elle n'est pas consommée telle quelle. L'arbre serait un hybride entre le citronnier et le bigaradier. Le fruit, légèrement piriforme, a une écorce mince qui renferme en abondance une huile essentielle d'une odeur soutenue, extrêmement suave. Aussi parfums, confiserie et liqueurs en font-ils traditionnellement usage. Mais la chair, verte, est très acide. L'essence de bergamote est extraite par pression à froid du fruit.

CITRUS GRANDIS

Rutacées

Pamplemousse

Fr. : Chadèque.
Angl. : Shaddock.
Esp. : Pomelo, Toronja (Am.)

Sous le nom de pamplemousse, on désigne aujourd'hui à tort le fruit qui s'appelle à proprement parler « pomelo » *(Citrus paradisi),* et qui est celui que nous avons l'habitude de consommer (voir p. 78). Le véritable pamplemousse est une espèce tout à fait distincte, le *Citrus grandis;* il s'agit d'un géant de plus de 10 cm de diamètre, à l'épaisse peau vert-jaune, au goût amer et à la pulpe juteuse. En général, il est plutôt en forme de poire.

Le pamplemousse fut connu et cultivé bien avant le pomelo, dont la mise en culture ne remonte qu'au début du XXe siècle. Il est originaire d'Asie, vraisemblablement de Chine, et il fut introduit à la Jamaïque au XVIIIe siècle par les Anglais; d'ailleurs, dans beaucoup de pays, ce fruit est connu sous le nom du capitaine (Shaddock) qui, venant de Polynésie, l'amena à la Jamaïque.

Peu à peu, il se répandit en Amérique. Aujourd'hui, il est largement supplanté dans le monde par le pomelo, ses principaux bastions étant quasiment cantonnés au Pacifique sud et à l'Asie du Sud-Est. Cette dernière a d'ailleurs vu l'apparition de nombreuses variétés.

Si le pamplemousse de souche originelle, peu juteux, se mange généralement confit, sélections et croisements ont produit de nombreux hybrides à manger frais. Croisé avec des oranges, le pamplemousse donne un fruit à la peau plus fine et à la chair plus jaune, juteuse et sucrée : c'est l'**orange de la Barbade** ou **shaddock-pomelo**. Aux Antilles, on trouve un excellent chadèque, juteux comme le pomelo (*grapefruit*), mais qui arbore la forme de poire et l'épaisse écorce jaune-vert de l'originel pamplemousse. Les terres de l'ancien Siam sont particulièrement réputées pour la qualité des espèces qui y poussent; argileuses et salines, voilà leurs atouts. Elles donnent aux Thaïlandais des fruits ronds ou en forme de poire. Les meilleurs pamplemousses sont doux et rafraîchissants, sans amertume aucune.

Chadèque

En fait, le nom de **chadèque** est parfois réservé à la variété plus acide en forme de cloche, et à la peau plus épaisse que la variété plus ronde, au goût plus doux, appelée pamplemousse. Le plus grand nombre de variétés se trouve en Asie. Elles se distinguent par la forme, la taille, l'épaisseur de la peau, le nombre de pépins, la saveur, ainsi que par la fermeté des petites vésicules de pulpe constituant chacun des quartiers. Ces derniers adhèrent puissamment à l'écorce du fruit. Mais les petits sacs de jus dont ils sont faits se séparent naturellement les uns des autres; ils seront plus ou moins fermes, plus ou moins juteux ou gélatineux... nuances, donc, à observer.

Le pamplemousse est très populaire en Chine où les festivités du Nouvel An sont l'occasion de s'en régaler. Aux Philippines, on mélange son jus à celui de l'ananas.

CITRUS LIMON

Rutacées

Citron

Angl. : Lemon.
Esp. : Limon.

Le citron lui-même n'est pas sans surprise; tour à tour grand, petit, plus ou moins juteux... mais toujours acide, ou presque. Un large éventail de variétés s'explique principalement par des hybridations avec le cédrat. Elles se distinguent notamment par l'écorce : celles à la peau lisse sont généralement plus lourdes et plus juteuses. Attention ! le citron vert appartient au groupe des limes. Notre citron est d'ailleurs probablement le résultat d'un croisement entre le cédrat et la lime. On pense qu'il serait apparu en Chine un ou deux siècles avant que les Arabes ne l'introduisent en Espagne au XIe siècle. Dès le début du XVIe, Christophe Colomb l'amenait à Haïti d'où il se répandit aux Antilles.

Son acidité légendaire ne disparaît nullement à maturité, tout comme chez la lime, soit dit en passant. Il contient encore de 5 à 10 % d'acide citrique et plus il est acide, plus il contient de vitamine C : 45 mg/100 g en moyenne, ce qui est considérable.

Le citron est un antiseptique puissant et son action germicide se cumule avec les pouvoirs de la vitamine C pour aider à soigner les rhumatismes dont les formes cliniques révèlent la présence de microbes dans les tissus. Le citron doit être pris à jeun pour éviter toute incompatibilité alimentaire et pour profiter plus efficacement de son rôle dépurateur. Des cures de citron, à raison d'un de plus chaque jour jusqu'à douze, peuvent s'avérer profitables; néanmoins, les nerveux et les anémiques doivent s'en abstenir, ainsi que ceux qui souffrent d'acidité gastrique.

Le citron exerce tout autant son effet dépuratif sur la peau : une fois les pores dilatés à la vapeur d'eau, appliquez quelques gouttes sur la peau en laissant agir une ou deux minutes.

On peut aussi utiliser le jus du citron pour empêcher un fruit entamé de noircir à l'air : c'est grâce à son acidité qu'il produit cet effet.

CITRUS MEDICA

Rutacées

Cédrat

Angl. : Citron Cedarlemon.
Esp. : Cidro.

Le cédrat est un énorme citron à peau épaisse et rugueuse. Il peut peser jusqu'à 2 kg ! Le cédratier fut découvert par les Grecs en Perse et c'est vraisemblablement le premier agrume introduit en Europe, au IIIe ou IVe siècle. Selon la tradition juive, ce serait le fruit de l'arbre de la connaissance auquel Adam aurait mordu. Chez les Hébreux, il jouait anciennement un rôle sur le plan rituel à l'occasion de fêtes liées à la moisson. Néanmoins, son origine est indienne. D'ailleurs, une des variétés de cédrat (var. *sarcodactylus*) est encore utilisée dans des offrandes bouddhistes. Ce fruit conique est encore appelé « main de Bouddha » à cause d'une particularité : des cannelures, vers le pédoncule, évoquent la forme de doigts recourbés.

Le cédrat est cultivé en Asie, mais aussi dans le Bassin méditerranéen. Il trouve sa place en confiserie, son écorce étant généralement confite; elle sert aussi à faire des limonades. La pulpe, en revanche, présente moins d'intérêt : elle est peu juteuse et amère. L'odeur qui émane de l'arbre et de la peau du fruit évoque celle du cèdre, d'où son nom.

On pense que le cédrat est à l'origine de l'apparition du citron, par suite d'un croisement avec la lime.

CITRUS PARADISI

Rutacées

Pomelo

Angl. : Grapefruit.
Esp. : Toronja, Pomelo.

C'est un fruit que nous appelons à tort « pamplemousse », son nom propre étant pomelo. La dénomination anglaise de *grapefruit* est plus imagée : elle nous rappelle que le fruit vient en grappes, ce qui n'est pas le cas du pamplemousse. Il est si courant qu'il est difficile d'imaginer que sa véritable mise en culture ne remonte qu'aux années 1920; le premier fut découvert en 1750 à Porto Rico, mais on ne sait s'il provient d'une mutation naturelle du pamplemousse, ou s'il est le produit d'un croisement. En tout cas, il a aujourd'hui largement supplanté l'authentique pamplemousse; sa pulpe juteuse et sa saveur acidulée ont emporté l'adhésion des Occidentaux.

Désormais, en Europe, un grand choix est offert à l'amateur de pomelo. Les fruits sans pépins sont souvent les plus savoureux. Les plus acides, pris avant les repas, activent efficacement la sécrétion des sucs gastriques. Les plus sucrés sont plus riches en vitamines. Particulièrement sucrés mais moins parfumés, les pomelos roses sont actuellement en faveur pour la table.

Le pomelo est un fruit qui, en plus de la vitamine C (40 mg/100 g), apporte des vitamines B1 et P, élément de protection vasculaire (en cas de fragilité capillaire). C'est un éminent diurétique, à employer par exemple en cas d'oligurie. S'il y a inflammation de la prostate, son jus s'avère bénéfique. Tout à fait recommandé pour le foie, il stimule l'appétit et active la digestion; néanmoins, les dyspepsiques pourraient mal le supporter et devront le prendre entre les repas.

Le **tangelo** est un hybride de

Pomelo

Mandarine

mandarine ou de tangerine avec le pomelo; c'est un agrume d'une douceur exceptionnelle, à la peau mince, sans pépins, cultivé depuis une vingtaine d'années en Floride.

Le **chironja** est un hybride d'orange et de pomelo récemment créé et cultivé à Porto Rico.

CITRUS RETICULATA

Rutacées

Mandarine

Angl. : Mandarin Orange.
Esp. : Mandarina.

Venues de Chine, ces « oranges des mandarins » ont été cultivées pendant plusieurs centaines d'années en Asie avant d'être introduites en Europe. La littérature chinoise y fait allusion quelques dizaines d'années avant notre ère, et aujourd'hui elles demeurent très populaires à l'époque du Nouvel An chinois. Mais il a fallu attendre plus de 400 ans après l'introduction de l'orange pour connaître la mandarine en Occident, en Grande-Bretagne d'abord, puis pour en établir la culture; les premiers mandariniers arrivèrent en 1805 et s'implantèrent en Provence au début du XIXe siècle. La culture démarra en Algérie en 1850, après une amélioration notable des espèces.

Ce fruit un peu aplati aux deux pôles offre sous l'ongle une peau grossière et assez lâche. Mais les mandarines sont de toutes sortes. L'inconvénient est qu'elles sont moins riches en minéraux et en vitamine C; mais le brome qu'elles renferment en font un sédatif du système nerveux.

La **tangerine** a vu le jour en Californie; son apparence et son arôme laissent présager plus de saveur sous sa peau fine qu'elle n'en offre en réalité.

La **clémentine,** quant à elle, n'a fait son apparition qu'en 1900, sur un arbre planté par un moine, le frère Clément; elle est née d'un croisement d'orange amère et de mandarine. Plus petite et quasiment sans pépins, elle a supplanté la mandarine.

La **satsuma** est une variété japonaise de mandarine, très précoce et sans pépins, acclimatée sur le pourtour méditerranéen; un peu plus grosse, elle est de couleur plus claire et est moins parfumée.

Parmi les hybrides obtenus à partir de la mandarine ou de la tangerine, il faut signaler le **tangelo** (voir p. précédente).

Quant à l'**ortanique,** c'est une création exclusive des Jamaïcains qui résulte d'un croisement entre l'orange et la tangerine; il est, parmi les agrumes, un de ceux qui ont la teneur la plus élevée en jus; sa peau est assez facile à ôter.

COCCOLOBA UVIFERA

Polygonacées

Raisinier-bord-de-mer

Angl.: Seagrape.
Esp.: Uva del mar.

Né le long des côtes mexicaines, le raisinier-bord-de-mer, arbuste à

Raisinier bord-de-mer Ph. © Rudolf König- Jacana

Cocotier

feuilles persistantes, a gagné le Venezuela, Porto Rico, le Guatemala et les Antilles. Dommage qu'il n'ait pas poussé au-delà, car il mérite une diffusion plus large. En effet, les excellentes gelées, le vin savoureux et le jus acidulé et fébrifuge qu'on en tire méritent l'attention.

Certains fruits sont plus sucrés que d'autres, mais tous ont un goût légèrement musqué. Ces baies rondes de moins d'un centimètre et demi de diamètre sont généralement de couleur pourpre presque noire; mais il y en a de plus claires et même des blanches. Comme elles poussent par grappes et ne mûrissent pas toutes simultanément, la cueillette se fait fruit par fruit...

Pour un portrait de famille, citons la sœur du raisinier-bord-de-mer, *Coccoloba floridana,* qui donne la *pigeon-plum,* fruit tout aussi sombre et juteux.

COCOS NUCIFERA

Palmiers

Coco

Angl. : Coconut.
Esp. : Coco.

Le cocotier est vieux comme le monde. Il est difficile de dire s'il est originaire de la côte occidentale de l'Amérique intertropicale ou plutôt de Mélanésie, d'où il aurait vogué jusqu'aux côtes tropicales du monde entier. Ce qui est certain, c'est qu'il a une âme vagabonde; grâce à son épais manteau fibreux (le mésocarpe), le fruit se laisse porter par les flots sur des centaines de milles, sa dure coque (l'épicarpe) le mettant à l'abri d'une éventuelle submersion. C'est un être qui a ses exigences : du soleil, de la chaleur, de la pluie (1 200 à

2 500 mm), et une altitude inférieure à 250 m.

Quant à son identité botanique, c'est à la suite d'études réalisées à la fin des années 1950 seulement qu'il a été conclu que toutes les variétés de Cocotiers pouvaient se ranger en deux groupes :

— d'une part, les variétés de haute taille, allogames (de fécondation croisée), appelées criolles;

— d'autre part, les variétés de taille basse, autofécondes, autogames. Ces dernières produisent dès 3 ans, presque 5 ans avant les autres, mais meurent quinquagénaires, deux fois plus jeunes.

Pour vivre, les cocotiers, avides de lumière, élancent vers le ciel un tronc lisse et grisé, bombé à la base; à la recherche d'humidité, ils plongent dans la terre de longues racines fines et nombreuses; celles-ci vont puiser l'eau dans la nappe phréatique et absorbent les sels minéraux des couches superficielles.

L'abondance du coco sur les côtes tropicales ne surprend plus quand on sait que le cocotier est un des arbres les plus cultivés au monde, et qu'un seul individu produit de 100 à 200 noix par an de 1 à 1,5 kg chacune.

Grand ami de l'homme, il lui prodigue sans fin ses services. La tradition populaire hindoue dit que le cocotier a 99 usages différents : le bois dur des vieux arbres sert en charpenterie et en ébénisterie, la racine en vannerie et en médecine,

Noix de coco

et les gigantesques feuilles de 5-6 m de large et de 10-12 kg fournissent des fibres pour des tissus, des cordes, des sacs, et finissent sur les toits.

La **noix de coco,** le fruit de cet arbre, est facilement identifiable par l'étrangeté de sa coque ligneuse ou endocarpe qui rappelle par sa consistance presque la corne et qui est revêtue extérieurement d'une épaisse couche fibreuse de 8 cm d'épaisseur, le mésocarpe. La pulpe blanche intérieure est l'albumen de la graine. Desséchée et durcie, elle peut être polie. Cette pulpe, appréciée pour sa douceur et le petit goût de noisette, se forme à partir de l'eau de coco qui est enfermée à l'intérieur. Ce liquide opaque se solidifie au fur et à mesure que le fruit mûrit mais ne disparaît pas totalement.

L'eau de coco est une boisson douce, rafraîchissante, que l'on dit vermifuge; elle est riche en ferments, et en matières phosphorées, soutien du système nerveux. On la conseille en cas de colique, de dysenterie ou de digestion difficile. Durant la Seconde Guerre Mondiale, Anglais et Japonais ont découvert dans la jungle birmane qu'elle pouvait remplacer le sérum physiologique; récemment, elle a sauvé des enfants souffrant de malnutrition.

Dans certains pays comme le Mexique, les indigènes laissent fermenter cette eau de coco afin d'en obtenir une eau-de-vie par distillation. N'oublions pas que, en application sur la peau, elle fait preuve de qualités adoucissantes. D'ailleurs, le coco, fruit oléagineux (35 % de lipides), produit une huile qui entre dans la fabrication de savons et de divers cosmétiques.

Dans le domaine alimentaire, la richesse en lipides du fruit permet la confection du beurre de coco, qui a la particularité de ne jamais rancir. La pulpe de coco, comme l'eau, est riche en potassium, en fer, en magnésium et en calcium; elle est pauvre en glucides (10 %). Elle est plus tendre dans les fruits encore verts, et il n'y a pas à attendre la maturité complète pour profiter des qualités reconstituantes et reminéralisantes de ce fruit; choisissez toujours les noix pleines de liquide.

De multiples recettes exotiques peuvent tenter l'amateur. Mais, avant tout, il faut apprendre à dépecer une noix de coco : à l'aide d'un instrument pointu et d'un marteau, percez deux des trois yeux de la noix; extrayez-en le liquide avant de la mettre au four préchauffé à 200°C pendant 15 mn; alors la coque cédera sous les coups de marteau et la pulpe se détachera. Et si la recette utilise du coco râpé, n'oubliez pas de détacher de la pulpe blanche la fine peau intérieure marron.

Le lait de coco s'obtient en mettant au mixeur cette pulpe avec de l'eau chaude, mélange que l'on passera une demi-heure plus tard.

COLA ACUMINATA

Sterculiacées

Noix de cola

Fr. : Noix du Sénégal.
Angl. : Cola Nut.
Esp. : Nuez de cola.

Noix de cola

Les arbres et arbustes donnant la noix de cola (ou kola) ne sont pas très abondants : on les trouve en Afrique tropicale, principalement. Le fruit lui-même ressemble à une pomme de pin. Les noix de cola sont en fait les cotylédons de la graine et, selon les variétés, il y en aura de 2 à 6. Certaines sont rouges, d'autres roses, brunes ou jaune verdâtre. Leur forme rappelle celle de la châtaigne.

La noix de cola joue pour les populations noires le rôle traditionnel de la coca chez les Indiens des Andes, du maté chez les Sud-Américains, du bétel en Asie, et du café pour d'autres. Souvent prise comme valeur d'échange, son rôle social était fondamental. On en envoyait comme cadeau ou on en utilisait la symbolique subtile en fonction de la couleur : demande en mariage, cola blanche; déclaration de guerre, cola rouge... En Afrique, elle est toujours offerte en signe de bienvenue.

Le pouvoir excitant de la cola, sa capacité à aider l'homme à lutter contre la fatigue et le sommeil, ainsi que ses propriétés aphrodisiaques sont reconnues. Lors d'une expédition au Soudan, à la fin du XIXe siècle, les troupes françaises y ont eu recours pour effectuer des marches forcées.

Le principe sous-tendant cette action excitante est l'association de caféine en proportion importante (2 % environ*) de théobromine (0,023 %), substance que l'on retrouve dans le cacao et le thé, et d'une autre substance appelée

* *Même pourcentage que pour le café.*

« rouge de cola ». L'action de la cola est plus prolongée et moins brutale que celle du café.

Elle peut paraître un peu amère, mais c'est bien crue, telle quelle, qu'on mâche la noix. Les roses sont préférées, et sont les plus chères. Si l'on ne saurait trop conseiller d'être très prudent dans la consommation de cet excitant, les longues ascensions en montagne valent peut-être, en cas de difficultés, qu'on se prémunisse de tablettes achetées en pharmacie.

De nos jours, c'est l'industrie pharmaceutique qui est la principale utilisatrice de la noix de cola. Mais ce qui l'a fait connaître au grand public, c'est essentiellement l'introduction du Coca-Cola mis au point aux États-Unis en 1886 qui en contenait un extrait.

CORYLUS AVELLANA

Bétulacées

Noisette

Fr. : Aveline.
Angl. : Hazelnut, Filbert, Cobnut.
Esp. : Avellana.

Le noisetier commun ou coudrier est un arbrisseau surtout répandu en Europe et au nord de l'Asie. En Amérique du Nord, néanmoins, on trouve deux espèces, *Corylus rostrata* et *C. americana,* toutes deux porteuses de fruits comestibles; la langue anglaise introduit un distinguo entre ces différentes espèces de noisettes : elle les nomme respectivement *cobnut* et *hazelnut.*

Noisette

L'**aveline** (*filbert* en anglais), quant à elle, est une grosse noisette qui a été développée en Europe et que l'on trouve surtout dans le Bassin méditerranéen. D'ailleurs, l'Espagne et l'Italie sont les deux premiers producteurs de noisettes, espèce *Corylus avellana*.

Le nom scientifique *Corylus* vient du grec *Korus* signifiant « casque », allusion probable à la cupule au centre de laquelle la noisette est placée. À maturité, on en brise la dure coque pour manger la graine, fraîche ou sèche. La noisette, qui est un fruit oléagineux, est plus digeste que la noix et plus riche en glucides que l'amande, et elle l'emporte sur les deux à la fois en matières grasses (61 % pour les noisettes fraîches). Déconseillée aux hypertendus, elle convient parfaitement aux convalescents. Un orgeat de noisette sera une forme agréable pour profiter de sa richesse en sels minéraux et en vitamines (A et B) : il faut laisser macérer des noisettes dans de l'eau pendant dix heures, puis réduire l'ensemble en une pâte qu'on laissera reposer 5 heures dans l'eau, avant de passer le tout au tamis.

***Noisetier** Ph. Ruth Ballangé*

CUCUMIS MELO

Cucurbitacées

Melon

Angl. : Melon.
Esp. : Melón.

Il en est du melon comme des pommes ! Sous le caractère relativement commun de cette plante rampante on trouve un grand nombre de variétés qui ne sauraient cesser d'étonner.

Le melon est originaire d'Asie, de la vaste région s'étendant du pied de l'Himalaya au cap Cormoran; de là, il fut introduit dans d'autres zones chaudes et tempérées du globe. Dès l'Antiquité, certaines variétés étaient probablement cultivées par les Romains, les Grecs et les Égyptiens : Pline et Columelle y font référence.

Les variétés de melons diffèrent beaucoup tant en ce qui concerne les plantes que les fruits — certains n'étant pas plus gros qu'une olive, alors que d'autres ont la taille d'une courge (*Cucurbita maxima*). Le fruit sera rond, en forme d'œuf de serpent, de ballon de rugby... La peau en sera lisse, ridée, striée, et même portera des bourrelets. Quant à la pulpe, elle ira du blanc à l'orange, en passant par le vert, de l'insipide au sucré, en passant même par l'amer.

C'est que, comme la courge, le melon connaît d'étranges métamorphoses sous l'effet d'un croisement de variétés. Pour l'anecdote et l'exemple, un cas remarquable a été rapporté par Charles Naudin en 1859 (*Annales de sciences natu-*

Melon brodé

relles) : le croisement du melon sauvage de l'Inde et de celui d'Afrique donna, d'une part, une variété de dix fois la taille des parents et, d'autre part, des fruits gros comme une noix ! Aujourd'hui, de nouvelles variétés de melons ne cessent de surgir, alors que d'autres tombent dans l'oubli. Il n'est pas facile d'éviter des fertilisations croisées, dues à la pollinisation par les insectes.

Les principales variétés répandues de nos jours proviennent vraisemblablement du Caucase ou d'Arménie, d'où elles auraient été importées en Italie au XVIe siècle par des moines, puis en France par Charles VIII. Certaines sont fort récentes, tel le melon d'Ogen mis au point en Israël en 1960. Parmi elles, une douzaine environ sont importantes; on les classe en trois catégories : les melons brodés, les cantaloups, les melons d'hiver.

Les **melons brodés** ont une peau réticulée, marquée de nervures comme des rides irrégulières. Le melon de Tours et le Gallia en sont des exemples. Assez aromatique, leur chair varie du saumon au jaune-vert.

Les **cantaloups,** qui nous sont les plus connus, de pulpe orangée agréablement sucrée, sont très aromatiques. On distingue parmi eux deux grandes variétés : l'Ogen et le Charentais. Le melon de Cavaillon appartient à cette dernière sorte; on le reconnaît à une peau orange sillonnée de larges bandes vertes.

Les **melons d'hiver,** quant à eux, sont moins parfumés, et même insipides parfois. Ils mûrissent plus lentement, mais, grâce à leur peau épaisse et dure, ils se conservent plus longtemps, et de ce fait coûtent moins cher. Leur peau est tantôt lisse, tantôt ridée et la chair orangée ou verdâtre. Citons le me-

Melon

lon de Valence, le melon d'Espagne. D'une façon générale, on constate que les melons à pulpe verte sont moins odoriférants, mais plus rafraîchissants : c'est le cas du Malte; néanmoins, le melon d'Antibes offre sous une écorce molle une chair verte très sucrée.

Tous regorgent d'eau (95 %); ils n'en possèdent pas moins de bonnes qualités alimentaires, des vitamines A et C, et des sels minéraux (fer, phosphore, calcium). C'est son grand pouvoir alcalinisant qui fait du melon l'ami des hépatiques et de tous ceux qui ont des toxines à éliminer. Doucement laxatif et diurétique, il contribue également à décongestionner les hémorroïdes et les voies urinaires enflammées. Il convient de le manger avant les repas et de bien le mastiquer afin de permettre la libération des jus et d'en faciliter la digestion.

CUCUMIS METULIFERUS

Cucurbitacées

Kiwanos

Fr. : Melon à cornes, Concombre porte-cornes.
Angl. : Cucumber Horned Melon.

Le kiwanos, qui commence à faire son apparition en Europe et en Amérique du Nord, est commercialisé depuis peu par la Nouvelle-Zélande. Cette appellation a été inspirée par celle du kiwi, fruit venu de ce même pays et qui a connu un succès considérable ces dernières années.

En fait, le kiwanos est connu depuis longtemps. C'est un fruit originaire des steppes du Kalahari en Afrique australe. On le dénommait « melon (ou concombre) à cornes ».

Il fut acclimaté il y a environ 60 ans en Nouvelle-Zélande où l'on se mit d'abord à le cultiver dans les jardins.

Ce fruit de 400-500 g est hérissé de protubérances épineuses en forme de petites cornes, d'où son nom. Cela en fait un objet de curiosité. On peut l'utiliser comme élément décoratif car, à température ambiante, sa peau orange vif garde un aspect frais.

Pour la consommation, il faut le choisir le plus doré possible; la pulpe sera savoureuse à souhait. Son goût tient effectivement du concombre et du melon. On peut le manger dès son premier stade de maturité. Comme il contient de nombreuses petites graines, on peut préférer en faire des jus; pour cela, passez graines et pulpe au mixeur avec de l'eau, puis tamisez.

Kiwanos

CYDONIA VULGARIS

Rosacées

Coing

Angl. : Quince.
Esp. : Membrillo.

Le fruit : le coing; l'arbre : le cognassier, ressemblant un peu au poirier, mais ses fleurs sont plus grandes, rosées, et il se trouve surtout sur des terrains humides. D'où nous vient cet arbre méconnu ? On sait qu'il se rencontre à l'état sauvage dans les bois au nord de l'ancienne Perse, près de la mer Caspienne, dans le sud du Caucase et de l'Anatolie. Il est donc très certainement asiatique.

Son fruit, même parfaitement

Coing

mûr, s'avère immangeable cru; c'est pourquoi on le connaît plus à travers les gelées et les pâtes de coing que par sa chair dure et sèche, à l'arôme pénétrant et dont l'âcreté extrême ne disparaît qu'à la cuisson. Jusqu'à sa forme en pommeau qui est parfois inconnue ! Il est étonnant de voir avec quelle rapidité le fruit s'oxyde une fois ouvert... On remarquera aussi qu'à la cuisson la chair vire du jaune au rose.

Parmi les variétés, citons : *Cydonia maliformis*, en forme de pomme, plus doux; *Cydonia oblonga*, également plus sucré et juteux, fruit qui pousse en Europe; et *Cydonia sinensis*, que l'on trouve en Asie.

C'est par sa richesse en pectine que le coing se prête si bien à la préparation de gelées. En effet, cette substance agit comme des gommes : elle se solidifie en refroidissant. En contiennent également la pomme, la groseille, le cassis et la mûre. L'action conjuguée de la pectine avec celle des tanins du fruit en fait un bon émollient et un astringent pour les muqueuses digestives. Son action serait particulièrement indiquée en cas de diarrhée, de dysenterie, d'entérite et de digestion laborieuse.

Avec la pulpe d'un coing cuite dans un litre d'eau jusqu'à réduction de moitié, puis passée au tamis, on préparait un onguent pour prolapsus vaginaux et rectaux. On dit aussi que les graines écrasées et mises à macérer dans de l'eau donneraient une lotion calmante pour toutes les irritations de la peau. Les pépins contiennent un mucilage abondant qui, autrefois, était à la base de la Bandoline employée par les coiffeurs pour fixer les cheveux.

Aujourd'hui, seuls les usages culinaires du fruit demeurent.

CYPHOMANDRA BETACEA

Solanacées

Tomate en arbre

Fr. : Tamarille.
Angl. : Tree Tomato.
Esp. : Tomate de arbol.

Tomate en arbre

Comparez la naranrille, la tomate *(Licopersican esculentum)* et la « tamarille », ou tomate en arbre, en coupe, et alors vous comprendrez que ces fruits fassent partie d'une même famille, celle des Solanacées. Au goût d'ailleurs, la troisième paraît tenir d'un subtil mélange des deux premières.

En jus, en sorbet, en compote ou cuit au sirop, voilà les meilleures façons de déguster ce fruit. Les Colombiens et les Équatoriens en font des confitures. Mais c'est lorsqu'il est cru qu'on en appréciera la belle couleur rouge sombre, et la fine peau brillante qui recouvre une pulpe juteuse. Comme il ne faut pas consommer cette peau, mangez le fruit à la petite cuiller ou pelez-le après l'avoir trempé 3 mn dans l'eau bouillante.

L'arbre, subtropical, est originaire du Pérou. Il s'est répandu dans de nombreux pays tropicaux;

Plantes de tomate en arbre

on le cultive notamment au Kenya, en Nouvelle-Zélande, à Madère, aux îles Canaries, au Venezuela, ainsi qu'en Colombie et en Équateur : il y pousse encore à plus de 2000 m. La récolte s'étend sur près de sept mois et les fruits sont nombreux : ils se forment par grappes de trente, atteignant chacun de 3 à 5 cm de long tout en prenant une belle forme fuselée. Signalons l'existence d'une variété dorée, plus douce.

Diététiquement parlant, la tomate en arbre est riche en vitamines A (1 000 U/100 g), E (1 860 mg/100 g) et C (31 mg/100 g), ainsi qu'en phosphore. En revanche, c'est un fruit qui donne peu de calories (27 cal/100 g).

DIOSPYROS DISCOLOR

Ébénacées

Mabolo

Angl. : Butter Fruit, Velvet Apple.

Les Ébénacées : voilà une grande famille de 300 espèces réputées pour leur bois dur et sombre. Celle qui produit le mabolo est originaire des Philippines. Extérieurement, ce fruit rond pourrait évoquer la pêche : de taille comparable (de 5 à 7 cm de diamètre), il porte aussi une peau fine et velouteuse, celle-ci variant du rosé au marron-rouge. Quatre sépales y restent attachés.

La pulpe blanche est raisonnablement sucrée et agréable, elle est ferme et peu juteuse. On y trouve généralement quatre noyaux. Il convient de peler le fruit avant de le manger.

Pour comprendre l'origine du nom anglais de ce fruit, le manger ne suffit pas : c'est en le humant que l'on perçoit son odeur de beurre.

DIOSPYROS KAKI

Ébénacées

Kaki

Fr. : Plaquemine, Figue-Caque.
Angl. : Persimmon.
Esp. : Caqui.

Les *Diospyros* sont si nombreux — on en compte 800 variétés — qu'il serait prétentieux d'en vouloir parler globalement. La variété répandue en Europe, *Diospyros kaki*, est originaire du Japon; c'est d'ailleurs le nom japonais lui-même que nous avons adopté lorsque le fruit a fait ses premières apparitions sur les marchés parisiens à la fin du XIXe siècle. Au Japon et en Chine, il constitue le fruit d'hiver par excellence dont on se délecte frais; cependant, une qualité plus âpre est réservée à la consommation sous forme de fruit sec rappelant alors un peu les figues.

Diospyros kaki pousse maintenant dans tous les pays chauds. Le Midi méditerranéen et l'Afrique du Nord, notamment, ont adopté le plaqueminier, arbre voisin de l'ébénier au dur bois noir et lourd si réputé. Il a le port d'un grand pommier et perd ses feuilles avant même que le fruit soit mûr.

Kaki

N'était sa couleur, d'un orange soutenu, le kaki rappellerait tout à fait la tomate par sa taille et sa forme, sa peau fine, lisse et brillante, mais il s'en distingue par les quatre larges sépales qui restent attachés à sa base. Attendez, pour le consommer, qu'il soit très mûr, sinon il reste astringent. Il faut qu'il soit mou; la chair a alors la consistance d'une gelée et elle est gorgée de liquide, un suc qui vous permettra d'étancher votre soif et qui, sans être très parfumé, se révélera agréablement doux et sucré. En revanche, la peau du fruit est indigeste, et il convient de le peler. Et ne vous étonnez pas si cette pulpe jaune-orangé contient un nombre de pépins variable (de 0 à 8) : les Chinois s'amusent à parier sur ce nombre aléatoire de graines !

Le kaki est légèrement laxatif et fournit également un certain apport en vitamine C. Comme tous ses parents, il est riche en tanins et en carotène. Les sucres : il en contient plus ou moins 15 %. Les Japonais font avec les feuilles de l'arbre des tisanes pour soigner la toux et certains troubles digestifs.

Mais le kaki n'est qu'un des nombreux *Diospyros*; on estime que 90 espèces environ sont acceptables au palais... Toutes portent cette pellicule extérieure brillante que nous connaissons chez le kaki, mais elles peuvent prendre des formes plus ou moins arrondies, pointues ou déprimées, et s'habiller non d'orange mais de vert olive, de brun*

* *C'est le* Diospyros ebenaster *que les Sud-Américains appellent à tort* sapote negro.

ou même de bleu ou de rouge foncé. Il convient de distinguer les variétés de couleur claire de celles à peau sombre : les fruits de ces dernières ne sont jamais astringents et peuvent même se manger encore un peu verts; ils sont craquants et charnus. Voilà donc un moyen de s'orienter parmi ces fruits hétéroclites qui sont parfois de la taille d'une datte alors que d'autres pèsent leur demi-kilo.

Pour l'horticulteur amateur, un renseignement précieux : tous les *Diospyros* reprennent de greffe les uns sur les autres.

DURIO ZIBETHINUS

Bombacacées

Dourian

Fr. : Durion.
Angl. : Durian, Civet Fruit.
Esp. : Durian.

Le dourian ne vous laissera pas indifférent : ni par sa forme de gros hérisson vert bardé de puissants piquants coniques, ni par son odeur pénétrante de fromage, et encore moins par le crémeux de sa pulpe.

En Asie du Sud-Est, où le fruit est très prisé, on reconnaît néanmoins combien son odeur est repoussante. En Malaisie, d'où il est originaire, un proverbe dit simplement : « Le dourian, c'est le paradis, son odeur, l'enfer. » En Indonésie, il est même interdit d'en emporter dans les transports publics. Les botanistes n'ont pas été insensibles à

Dourian

ces effluves âcres et sulfureux; ils se sont inspirés de l'italien *zibetto* signifiant « odeur forte » pour le baptiser *Durio zibethinus !* Mais celui qui saura négliger l'odeur de fromage — de fleur pourrie disent certains — et qui y goûtera pourrait bien s'en délecter.

Ces gros fruits — certains font jusqu'à 30 cm de diamètre — sont mûrs lorsque leur épaisse enveloppe se marque de valves inégales, s'ouvre facilement selon l'axe de ces dépressions, et que le fruit tombe lourdement, de lui-même. L'intérieur comprend cinq, parfois six compartiments, chacun d'eux abritant de un à six gros noyaux luisants, entourés d'une pulpe jaunâtre et crémeuse, très compacte.

Vous la dégusterez bien fraîche, telle quelle, à la petite cuiller, ou bien encore avec de la crème. En Malaisie, on la conserve dans du sel de façon à pouvoir en consommer toute l'année. Sous forme de glaces, de gâteaux, de bonbons ou de pâte de fruit, l'Asie du Sud-Est vous offre maintes façons d'apprécier le dourian. Les Thaïlandais, par exemple, l'aiment accompagné de riz gluant. Selon les connaisseurs, il doit être mangé dans les heures qui suivent la cueillette.

Les graines elles-mêmes sont comestibles lorsqu'on les fait griller ou rôtir comme des châtaignes, et elles donnent une farine utilisée en confiserie à Java.

Il y aurait 70 espèces sauvages en Malaisie. Une variété sans piquants vient d'être obtenue; elle devrait faciliter les opérations d'emballage à l'exportation. Les meilleures d'entre elles sont reconnaissables à leur plus longue tige. Les Thaïlandais apprécient pour leur part la variété dite « Golden Pillow ».

Un bon dourian dégage une forte odeur près de la queue. Veillez toutefois à ce que ce ne soit pas une odeur de fermentation.

Le dourian est très nourrissant du fait de sa richesse en protéines : soit l'équivalent de six œufs environ par fruit* ! C'est probablement la raison pour laquelle on le dit aphrodisiaque. On dit également que, mangé en abondance, il crée une sensation de chaud à la gorge... Quoi qu'il en soit, il est vivement conseillé de ne pas consommer d'alcool avec le dourian car de sévères fermentations peuvent s'ensuivre.

Le dourian est un fruit cher, même dans les pays producteurs et en pleine saison. Malgré tout, n'hésitez pas à renouveler vos expériences, car il s'agit là d'un fruit qu'il convient d'apprendre à connaître pour bien l'apprécier.

* *Composition du dourian : protéines, 2,3 %; matières solides, 44,5 %; acides, 0,1 %; sucres, 12 %; amidons, 11 %. À noter, son potassium : 601 mg/100 g.*

Dourian

ELEOCHARIS TUBEROSA

Trapacées

Châtaigne d'eau

Fr. : Macre.
Angl. : Water Chestnut.
Esp. : Trapa.

Oublions que la châtaigne d'eau n'est pas un fruit mais un tubercule, et satisfaisons les curieux qui auront voyagé en Extrême-Orient; là, immanquablement, ils auront croqué dans cette chair blanche dont le goût rappelle la châtaigne, en plus frais, plus sucré, et moins farineux. En effet, crues, bouillies, rôties, en dessert, en amuse-gueule ou comme légume, les châtaignes d'eau entrent largement dans la gastronomie orientale.

Sur les marchés, scrutez les étalages jusqu'à identifier ces bulbes noirs aux cornes épineuses, ces bulbes en forme de sabot de cheval de quelque 3 cm de diamètre. Bien souvent on les arrose pour mieux les conserver et leur coque sombre luit au soleil.

De retour en Occident, vous les achèterez épluchées et en conserve. En France, autrefois, on trouvait fréquemment une espèce de châtaigne d'eau, *Trapa natans*; mais aujourd'hui, la culture de cette herbe aquatique pour la consommation de sa graine est oubliée, et ce probablement pour des raisons bactériologiques : en effet, cette plante aux longues feuilles cylindriques et creuses plonge son bulbe dans l'eau stagnante.

Fraîches ou en boîte, vous pouvez conserver les châtaignes d'eau au réfrigérateur dans de l'eau renouvelée chaque jour et ainsi étaler sur quelques jours vos essais culi-

Châtaigne d'eau

naires. On associe la châtaigne d'eau à des plats aussi bien salés que sucrés.

ERIOBOTRYA JAPONICA

Rosacées

Bibasse

Fr. : Nèfle du Japon, loquat.
Angl. : Japanese Medlar, loquat.
Esp. : Nispero del Japon.

Dans les jardins on apprécie l'aspect ornemental du bibassier, petit arbre toujours vert aux fleurs blanches, et qui donne des fruits en grappes. Ceux-ci sont jaune pâle ou orangés, ovoïdes et longs de 2 à 7 cm. Ils rappellent la nèfle commune avec laquelle il convient de ne pas les confondre. Les loquats (ou bibasses) sont certes couronnés par le limbe persistant du calice, mais on ne distingue pas à leur sommet un gros œil comme celui qui est si caractéristique des nèfles communes. Ils ont une pulpe juteuse et acidulée qui plaît généralement aux Occidentaux, même si le goût et la fermeté du fruit peuvent varier.

Les espèces à robe blanche sont réputées comme étant les meilleures; mais, plus souvent, la couleur du fruit varie du jaune pâle à l'orange soutenu. Les Japonais ont coutume de classer les loquats en deux groupes : d'une part, les **variétés japonaises,** petites, pâles de peau, allongées et juteuses; d'autre part, les **variétés chinoises,** grosses, pyriformes, orangées et plus sucrées.

Plus sensible au froid que le néflier commun, le bibassier est répandu dans les régions tropicales et subtropicales, mais aussi sous les climats tempérés de type méditerranéen. On le trouve notamment en Amérique centrale et méridionale, en Asie du Sud-Est et en Inde, où il est arrivé de contrées plus orientales. Car il est originaire d'Orient, non du Japon comme son nom l'indique, mais de Chine, du sud de la Chine antique; de là, il a gagné très tôt les îles nippones. Au Japon, il fit preuve d'une magnifique adaptation. Des variétés supérieures furent obtenues, si bien qu'aujourd'hui le loquat est un fruit important du pays.

Ce n'est qu'en 1801 que la France vit fleurir son premier bibassier. Après avoir importé des loquats de Madagascar, elle produit aujourd'hui sa propre récolte dans le Midi, en Provence.

Ce fruit est consommé frais, en compote, en confiture ou en gelée. En effet, en le faisant cuire avec les noyaux (trois noyaux brillants), il donne une gelée qui prend très rapidement. Toutefois, ces noyaux peuvent communiquer une cer-

Nèfle du Japon Ph. Ruth Ballangé

taine amertume; d'ailleurs, les graines contiennent de l'acide cyanhydrique, comme l'amande, et l'on remarque que la liqueur préparée à base de loquats a une saveur d'amande amère.

Le loquat est riche en vitamine A et en calcium. Sa principale vertu thérapeutique est d'être un bon astringent intestinal s'il est mangé sans peau. Contenant relativement peu de glucides (10 %) et de calories (38 cal/100 g), il est riche en acides citrique, malique et tartrique. C'est également un fruit très digeste et diurétique.

EUGENIA JAMBOS

Myrtacées

Pomme-Rose

Angl. : Rose Apple.
Esp. : Pomarosa.

Voilà un nom de rêve ! Et quand on connaît l'aspect ornemental de cet arbre tropical et subtropical très répandu en Inde, on attend beaucoup du fruit au parfum de rose fraîchement coupée. Il est ovoïde, de taille moyenne (de 3 à 5 cm de long), et porte en couronne les restes du calice de la fleur. Généralement vert pâle, il est parfois teinté de jaune ou de rose, et d'apparence somme toute fort attrayante.

Malheureusement, il déçoit lorsque, comme c'est le cas des qualités inférieures, il n'a qu'une pulpe sèche et insipide à offrir. Les meilleurs fruits ont néanmoins l'agrément d'une chair sucrée (10-12 % de sucre), juteuse et croquante, mais on s'en lasse vite, car leur parfum est obsédant. Une solution consiste à les agrémenter de vin et de sucre, ou à les faire cuire avec un jus de citron. Il n'est nullement nécessaire de peler la pomme-rose, à moins que la peau ne soit abîmée. Retirez simplement les noyaux.

La saison prolongée de ce fruit vous permettra peut-être de vous accoutumer peu à peu à son étonnant parfum.

EUGENIA JAVANICA

Myrtacées

Jambose

Angl. : Java Apple, Water-Apple.
Esp. : Jambosa.

Avec la pomme-rose, ce fruit appartient au genre *Eugenia* qui comprend 650 espèces environ, tropicales et subtropicales. *Eugenia aromatica*, par exemple, donne les clous de girofle. De quoi s'y perdre donc ! Comme d'ailleurs dans les multiples noms des fruits apparentés : prune de Malabar, poire de Malaque, pomme d'Haïti...

Apparentée donc à la pomme-rose, *Eugenia javanica* donne des variétés de fruits à l'amusante forme de cloche, qui s'évasent au sommet pour y devenir souvent aussi larges que longs (6-8 cm). Leur peau fine se caractérise par un éclat translucide, qui, au toucher, rappelle un peu la toile cirée. Quant à l'intérieur du fruit, il est creusé d'une cavité qui n'abrite aucun noyau à sa taille. Les jamboses poussent par grappes de 4-6, au bout des branches d'un arbre qui est alors de toute beauté lorsqu'il porte les variétés roses. Pour leur couleur pimpante, les Thaïlandais appellent d'ailleurs celles-ci « joues d'étranger » !

Les fruits roses sont légèrement plus acidulés que les vert pâle, si pâles qu'ils en sont parfois livides ! Pour vous, les deux variétés seront peut-être également insipides, votre palais n'étant nullement habitué à discriminer ces goûts. Vous trouverez néanmoins la pulpe blanche rafraîchissante et agréablement croquante sous la dent.

Une variété, *Eugenia aquea* (*water-apple* pour les anglophones), est originaire de l'Inde et y est cultivée depuis des siècles. En effet, l'histoire raconte comment le prince Siddharta qui assistait à une cérémonie agricole fut touché par le dur labeur des paysans; il s'en fut alors méditer sous un arbre. Là, sous un jambosier, il resta jusqu'au soir. De toute la journée l'ombre de cet arbre n'avait point bougé...

Le jambosier n'a en fait rien d'extraordinaire, si ce n'est ses fleurs abondantes et ses fruits insolites. Ceux-ci sont à manger crus. Il est également possible d'en faire des confitures et des gelées ou encore de les conserver sous forme de pickles. Mais ne les pelez pas : leur peau est riche en vitamine A.

Jambose

EUGENIA MALACCENSIS

Myrtacées

Jamelac

Fr. : Ohia.
Angl. : Malay Apple.
Esp. : Jambosa domestica.

De loin, on pourrait facilement prendre ce fruit pour une vraie pomme, étonnamment rouge sombre et cabossée, mais une pomme tout de même... Certaines variétés sont plus claires, d'autres striées de blanc : le rapprochement que font les Anglais avec la pomme n'étonne donc guère; sauf que ce fruit dégage véritablement une odeur tout aussi intense et obsédante que la rose fraîchement cueillie !

Le jamelac (encore appelé **ohia**) est d'origine malaise; néanmoins, Hawaii et la Polynésie, le Brésil, les Antilles, Madagascar et bien sûr le Sud-Est asiatique le connaissent également. La tradition polynésienne rapporte qu'autrefois l'arbre était tenu pour sacré par les indi-

Jamelac

gènes qui s'en servaient pour la confection de statuettes d'idoles. C'est d'ailleurs un bel arbre aux larges feuilles vertes et luisantes, aux amusantes fleurs qui poussent au bout des branches et que l'on utilise pour fabriquer une pâte rafraîchissante.

À vrai dire, les propriétés désaltérantes du fruit constituent sa principale vertu. On peut cependant lui reconnaître une saveur plus subtile qu'à ses cousines du genre *Eugenia* (voir Jambose, p. 98). Mais son arôme rappelant la senteur des roses s'atténue considérablement sous le palais. Il reste à apprécier le croquant et la légèreté de cette pulpe blanche peu sucrée (6-7 %), protégée par une peau très fine. Un fruit à manger très frais, accompagné d'un mélange de sucre et de sel — à l'exclusion, bien sûr, du gros noyau qui en occupe le centre.

EUGENIA UNIFLORA

Myrtacées

Cerise de Cayenne

Fr. : Cerise carrée.
Angl. : Brazilian/Surinam Cherry.
Esp. : Pitanga.

Son pays, c'est le Brésil. Elle y est née, elle y est aimée et elle y prospère mieux qu'ailleurs. En effet, les Brésiliens apprécient la beauté de l'arbre aux fleurs blanches, aiment l'odeur pénétrante des feuilles écrasées que l'on utilisait autrefois pour éloigner les mouches...

Vous reconnaîtrez ce petit fruit de 3 à 5 cm de diamètre à sa forme légèrement aplatie aux pôles et aux huit bourrelets nettement marqués sur son pourtour.

Cultivée dans les régions tropicales et subtropicales d'Amérique, la pitanga a aussi traversé les océans : les Portugais l'ont introduite en Afrique et en Inde; d'autres régions chaudes du globe comme le sud de la Chine la connaissent aussi. Néanmoins, hors du Brésil, sa culture est peu répandue.

Le fruit est extrêmement juteux et a une saveur très prononcée. Son nom en est l'illustration la plus frappante : en effet, « pitanga » provient du tupi *piter*, signifiant « boire », et de *anga*, « odeur ». Attention ! le jus laisse des taches indélébiles...

De même couleur que la fine peau brillante, la chair sera plus acidulée chez les variétés carmin très sombre et presque noires que chez les fruits rouge écarlate. Mangés frais et s'ils sont bien mûrs, donc bien rouges, ils sont excellents; la pitanga est d'ailleurs le meilleur des fruits du genre *Eugenia*. Les Brésiliens en font aussi une liqueur; confitures, gelées, sorbets sont en honneur.

FEIJOA SELLOWIANA

Myrtacées

Feijoa

Fr. : Goyave-ananas.
Angl. : Feijoa, Pineapple Guava.
Esp. : Guayabo del pais.

C'est un horticulteur français, Édouard André, qui en 1890 introduisit chez nous cette plante arbustive de quelque 5-6 m de haut. On la trouve dans le Midi de la France, mais elle y est cultivée exclusivement à des fins ornementales : elle porte de magnifiques fleurs rouge sang.

C'est dans les régions subtropicales qu'elle produit des fruits. Venue d'Uruguay et d'Argentine, elle s'est aujourd'hui plus amplement répandue à travers le monde, notamment en Californie et en Nouvelle-Zélande.

Dans les fruits convenablement

Feijoa

mûris, le palais attentif retrouvera un peu de la saveur de l'ananas, mélangée à celle de la fraise et de la goyave. Les fruits mûrs tombent au sol. Ils sont à point lorsque leur arôme devient pénétrant et fruité, leur chair sucrée et juteuse. Leur ressemblance avec la goyave a inspiré leur nom : *guayabo del pais,* voilà le leur en Uruguay où on les trouve à l'état sauvage.

4 à 8 cm de long, 4 cm environ de diamètre, ce sont les mensurations moyennes de ce fruit oblong, ovale ou piriforme. Signe distinctif : une peau fine mais résistante, parfois rugueuse, toujours verte. Elle recouvre une chair blanche et granuleuse qui occupe une épaisseur de 5-6 mm puis laisse place au centre à une pulpe gélatineuse et translucide où se logent de 20 à 30 graines étonnamment petites.

Il faut peler le feijoa, car la peau verte est amère. Il est mûr lorsqu'il cède légèrement sous la pression des doigts. Attention ! ce fruit est fort périssable et ne peut être entreposé. Il se prête bien à la fabrication de compotes, tartes et confitures. Mangé cru, il apportera de la vitamine C en proportion comparable à celle de l'orange (28 mg/100 g); son avantage est d'être peu calorique (34 cal/100 g).

Feijoa

FICUS CARICA

Moracées

Figue

Angl. : Fig.
Esp. : Higo.

La figue est un fruit qui jouit d'une très vieille réputation. Les Anciens estimaient beaucoup sa saveur, si bien que l'expression « vivre de figues » était passée en proverbe pour désigner l'homme vivant dans la mollesse et se nourrissant de mets délicats. Les contes orientaux y font fréquemment allusion; les Égyptiens la connaissaient il y a plus de 5000 ans et l'incluaient dans leur pharmacopée; les Grecs croyaient y trouver une source de force et d'agilité.

La figue est sans doute un des premiers fruits à avoir été cultivé, et ce par les ancêtres des Sumériens à Babylone. D'ailleurs, elle est originaire du Moyen-Orient. Certaines espèces sont natives notamment d'Asie, mais elles sont d'une qualité bien inférieure. Cette figue du Moyen-Orient, les tribus aryennes l'ont répandue le long de la côte méditerranéenne, et les Arabes, en Afrique du Nord. Son introduction en Amérique du Nord date de la fin du XIXe siècle, en même temps que l'amélioration sensible de sa culture. Maintenant, bien des zones chaudes du globe l'ont adoptée. Globalement, on évalue le nombre d'espèces de figues à 750.

L'arbre peut atteindre plus de 10 m de haut, mais en culture, le genre *Ficus* est bien souvent buis-

Figue

sonnant. C'est la seule plante qui produise ses fruits à l'intérieur d'un réceptacle fermé. Au début, il est encore creux et ne contient que les fleurs mâles et femelles, celles-ci tapissant l'intérieur de ce réceptacle. La fécondation a lieu grâce à certains hyménoptères cynipides (*Blastophaga psenes*) très particuliers. La femelle vient pondre ses œufs à l'intérieur et pollinise les fleurs au cours de ses agissements. Toute l'inflorescence se développe alors en un « fruit » charnu en forme de poire. En fait, ce que nous considérons comme le « fruit », ce que nous appelons figue, est un pseudo-fruit. Ce n'est que le réceptacle devenu charnu. Les vrais fruits sont les petits akènes qu'elle contient. On localise l'ouverture par laquelle entrent et sortent les insectes : c'est le trou situé à la base du fruit. Notez cette caractéristique tout à fait unique.

Le consommateur doit néanmoins être rassuré : les variétés cultivées de nos jours à des fins commerciales ne contiennent jamais d'insectes. Certaines espèces donnent deux récoltes : l'une sur les rameaux (ce sont les figues-fleurs ou figues d'été), l'autre sur les bourgeons, à l'automne. Ces dernières nécessitent souvent une fécondation par caprification : on suspend pour cela des fruits de figuier sauvage (*Caprificus*) dans les arbres à fleurs femelles. Une variété a été mise au point qui ne nécessite pas de pollinisation.

Cette anomalie mise à part, la figue mûrit jusqu'à s'amollir, devenir charnue et fournir un suc laiteux et sucré. Selon les variétés, elle

Figuier

sera blanche, et alors très douce, verte, marron ou violette, presque noire parfois. Ces dernières sont prises au dessert alors que les vertes sont généralement préférées pour le séchage. En Europe centrale, on torréfié les figues pour les utilliser comme chicorée. Les Algériens préparent, avec les figues sèches, une boisson fermentée : l'araki. Fraîches ou sèches, elles se digèrent facilement et sont même recommandées en cas de douleurs stomacales ou de dérangement intestinal. Elles sont nutritives par leurs glucides (16-18 %), et reconstituantes par leurs minéraux (fer, manganèse, calcium, brome) et leurs vitamines.

Beaucoup d'anciens remèdes ont recours aux figues : en décoction contre les inflammations respiratoires, en cataplasme, une fois cuites au four, sur furoncles et petits abcès. Les feuilles de l'arbre donneraient également de bonnes tisanes pour les dyspepsiques. Le latex qui exsude du tronc et des branches contiendrait des substances capables d'agir sur les verrues et les cals. D'autre part, un de ses constituants serait analogue au suc pancréatique. Bref, toutes les parties du Figuier sont utiles...

Figue

Kumquat

FORTUNELLA POLYENDRA

Rutacées

Kumquat

Le kumquat est souvent connu pour sa plante ornementale qui pousse en pots jusqu'à 5 ou 6 m : elle porte de jolis petits fruits jaune d'or et brillants, de 2,5 cm de diamètre environ . Originaire du nord de la Chine, elle est de nature tropicale ou subtropicale; sous ces latitudes, elle est depuis longtemps cultivée en Afrique septentrionale et australe ainsi qu'en Amérique.

Le fruit se mange tel quel : l'écorce est comestible, car elle est exempte du principe brûlant qui caractérise les autres agrumes. La pulpe est agréablement acidulée chez les espèces *Fortunella margarita* et *F. japonica,* respectivement ovales et rondes; l'hybride *F. crassifolia* est plus doux. Le kumquat se mange généralement confit, au sirop, ou encore en saumure.

Le **limequat** est un hybride de lime et de kumquat, et le **calamondin,** de mandarine et de kumquat. Le calamondin est un fruit très acide; c'est pourquoi on l'appelle aussi *golden* ou *scarlet lime.* Bien qu'il soit de petite taille comme le kumquat (2-3 cm), on le reconnaîtra à sa forme aplatie de mandarine; par ailleurs, la peau du kumquat est plus adhérente. Le nom scientifique de ce fruit est *Citrus mitis.* Il est originaire des Philippines. Les Chinois de Canton en font des infusions pour les maux de gorge. La variété *Microcarpa* de ce *Citrus* est le **kalamansi,** ou **lime musquée.** De taille particulièrement réduite, elle est toute ronde et a une peau verte virant au jaune à maturité. Juteuse et amère, on la conserve au sel, en sirop ou confite.

FRAGARIA VESCA

Rosacées

Fraise

Angl. : Strawberry.
Esp. : Fresa, Freson, Frutilla.

La fraise des bois a toujours été un fruit très apprécié. Aussi l'on cultiva très tôt dans les jardins des variétés issues de ces fraises sauvages et, déjà au XVIIe siècle, on en connaissait les vertus thérapeutiques, puisque le grand botaniste Linné guérit sa goutte par une cure de fraises. Fontenelle, pour sa part, leur attribuait sa longévité.

Mais la culture démarra sur une grande échelle lorsque notre *Fragaria vesca* fut améliorée par un croisement avec une espèce provenant du nord de l'Amérique, *Fragaria virginiana*, donnant des fruits beaucoup plus gros, et qui avait été remarqué pour ses grandes facilités d'adaptation. En Amérique du Sud, avant l'arrivée de l'homme blanc, les Indiens du Chili cultivaient des fraisiers portant des fruits « gros comme des noix », rouge pâle, avec une chair ferme à l'arôme délicat. En 1714, cinq plants de ces fraisiers (*Fragaria chiloensis*) furent introduits en Europe. C'est du croisement de ces deux espèces que dérivent nos variétés actuelles.

C'est seulement vers la fin du XIXe siècle que l'on réussit à obtenir des fraises remontantes, à gros fruits, dites « des quatre saisons ».

Aujourd'hui, la culture des fraises s'est considérablement accrue, mais elle reste laborieuse, ponctuée d'irrigation, de désherbage, de manipulations pour la cueillette et l'emballage.

Se développant par des stalons rampants qui s'enracinent toujours plus loin, le plant de fraisier gagne peu à peu du terrain. Il existe aujourd'hui un grand nombre de variétés, si bien qu'il en est toujours une qui peut s'adapter au climat local. Car le fraisier, herbe vivace, est sensible aux températures, à la durée du jour et aux caractéristiques du sol. Ainsi, pour produire

Fraise

ses premiers bourgeons, il exige une période de fraîcheur dont la durée et l'intensité dépendent des variétés. Ensuite viennent la fleur et le fruit... La fraise se forme à partir du réceptacle de la fleur qui abrite dans ses dépressions de très nombreux petits akènes. Ce réceptacle devient charnu à maturité, les akènes constituant alors ces minuscules grains qui paraissent à la surface de la pulpe. Contenant eux-mêmes une graine, ce sont eux les vrais fruits; la fraise, en fait, est un faux fruit.

On y trouve une bonne proportion de sucres (6,5 %), dérivés du lévulose, des vitamines (A, B, C, E et K), ainsi que des éléments minéraux : fer, sodium, phosphore principalement, et en quantité moindre potassium, soufre, calcium, silice, iode et brome. La fraise est en outre un fruit diurétique, laxatif et dépuratif. Alcalisant du sang, elle renforce les immunités naturelles. On la recommande aux goutteux pour son action éliminatrice de l'acide urique. Si elle dispense ses bienfaits aux hépatiques, en revanche les dyspepsiques et les personnes fragiles de l'estomac peuvent s'en trouver dérangées. Les allergies à la fraise ne sont pas rares et se déclarent plus particulièrement après la dégustation de petites fraises ou de fraises des bois.

Le jus de fraise serait un remède efficace contre les rhumatismes, grâce à une substance ayant les mêmes effets que l'acide éthyl-méthyl-salicylique, mais sans en présenter la toxicité. L'infusion de feuilles de fraisier est diurétique, diaphorétique (favorisant la transpiration) et dépurative; le rhizome est un bon astringent interne et externe, qui est utilisé parfois en gargarismes contre les angines et en tisanes contre les diarrhées.

GARCINIA MANGOSTANA

Clusaciées

Mangoustan

Angl. : Mangosteen.
Esp. : Mangostan.

La nature fait-elle si bien les choses qu'elle a déposé dans un écrin cette pulpe blanche au goût indescriptible mais si délicat qui fait du mangoustan le plus estimé des fruits des tropiques ? C'est ce qu'il semblerait quand on incise circulairement l'écorce rouge violacé du fruit et qu'on l'ouvre en deux comme une boîte; au centre, blottie à l'abri d'un épais écrin de « liège », une chair fine d'une blancheur éblouissante, joliment découpée en quatre à huit quartiers. Plus ces

Mangoustan

lobes intérieurs sont nombreux, moins il y a de noyaux.

Révélation pour l'œil, mais aussi pour le palais qui se délecte de l'insaisissable saveur. Oserait-on évoquer une framboise rehaussée d'un soupçon d'ananas ? Laissez le mangoustan fondre dans la bouche. Un ou deux noyaux, plus rarement trois, vous resteront comme souvenir...

Mais la nature ne répartit ses trésors que mesurément, et la culture du *Garcinia mangostana* s'avère délicate et exigeante. L'arbre (10 m et plus) produit certes quelque 500 fruits, mais il aura fallu attendre ses 10-15 ans... pour des fruits difficilement transportables et qu'il convient de consommer dès qu'ils sont mûrs.

Poussant à l'état spontané dans les îles de la Sonde, en Indonésie, il s'adapte difficilement hors de son milieu naturel, si bien qu'on le trouve peu en dehors de l'Asie du Sud-Est et de quelques régions d'Inde et d'Australie. En fait, le mangoustan est un des rares fruits qui se reproduit non par fertilisation, mais par parthénogenèse. Généralement, le fruit est comparable à une petite pomme, mais les quelque 130 espèces connues se chargent de fournir les exceptions qui confirment la règle : par exemple, *Garcinia pedonculata* porte des fruits atteignant un kilo !

Le mangoustan se mange frais. Il est très bien supporté par les estomacs délicats. Si, comme l'indique l'abbé de Choisy dans son *Journal du voyage au Siam,* il convient de ne pas trop en manger, c'est peut-être en raison de ses propriétés laxatives. Riche en glucides (14 %), il contient environ 60 calories par 100 grammes. Il serait recommandé en cas de fièvres bilieuses. Mais on utilise surtout sa grosse peau rougeâtre riche en tanins pour confectionner des tisanes contre la diarrhée et la dysenterie.

Pour choisir votre mangoustan, tirez-lui sur la queue et voyez si un liquide laiteux exsude : si c'est le cas, le fruit n'est pas encore mûr...

Vous pourrez à coup sûr calculer par avance le nombre de lobes intérieurs en comptant les bras de la rosace située sous le fruit. Quant à la collerette de petites feuilles vertes qu'il arbore en son faîte, elle correspond à l'ancien réceptacle de la fleur.

Le fruit à point est un délice, tel quel; son « écorce », une fois bouillie avec du sucre, est utilisée dans la préparation de desserts à base de riz gluant. Mais si elle est dure comme du bois, ne croyez nullement que le fruit va mûrir ultérieurement : c'est qu'il est déjà passé ! En revanche, pas assez mûr, il a moins de saveur, et surtout il n'en prend plus une fois séparé de l'arbre. Il faut le cueillir à point, et le choisir avec soin.

GENIPA AMERICANA

Rubiacées

Génipape

Angl. : Marmalade Box.
Esp. : Jagua, Genipapo.

Le génipa est un grand arbre tropical aux fleurs blanches et odorantes que l'on trouve en Amérique centrale, aux Antilles ainsi que dans le nord du Brésil. Son fruit brun-roux, de la grosseur d'une petite orange, renferme, sous un péricarpe charnu et gorgé d'un suc noirâtre, une pulpe tendre et aigre-douce. C'est là que sont nichées de nombreuses graines pourvues d'un albumen cartilagineux. Les fruits sont mûrs lorsqu'ils sont mous et commencent à se gâter; la pulpe est alors devenue légèrement brune. On la consomme nature ou sous forme de jus, de boissons rafraîchissantes comme la *genipapada.* Elle sert aussi à préparer une boisson alcoolisée.

Les fruits non encore arrivés à maturité complète fournissent un suc dont on peut tirer une teinture bleu nuit. Les Indiens d'Amazonie l'utilisent pour leurs tatouages.

GINKGO BILOBA

Ginkgoacées

Noix de ginkgo

Angl. : Ginkgo Nut.
Esp. : Nuez de ginkgo.

Le grand conifère qui produit les noix de ginkgo est originaire de l'Asie orientale. L'esthétique de ses longs rameaux regroupés en bouquets, alliée aux couleurs chaudes

Fruit du ginkgo Ph. © Michel Viard-Jacana

de ses feuilles en éventail, a trouvé un écho parmi les esprits poètes du Japon. L'Occident lui-même l'a accueilli dans certains parcs qu'il agrémente de sa haute silhouette ornementale.

Néanmoins, la réputation de ses noix n'a pas franchi nos frontières... peut-être à cause de l'odeur rance qu'elles dégagent au bout d'un certain temps. Ce sont surtout les Japonais qui ont développé l'art d'accommoder ces noix ovales et vert-jaune. Leur amande comestible, qui est entourée d'une enveloppe pulpeuse, est en fait de la taille d'une olive. Elle se fait cuire, au feu de bois, à la vapeur, à l'eau... On trouvera les noix de ginkgo en conserve sous le nom de *ginnan,* nom japonais qu'elles portent une fois mondées et bouillies, prêtes à constituer un accompagnement de poisson ou de fruits de mer.

Attention ! le contact avec les graines crues peut provoquer une dermite.

INGA LAURINA

Mimosacées

Inga

Angl. : Pagay.
Esp. : Guaba, Guama.

Ce fruit à la forme de gros haricot vert varie considérablement de dimensions d'une région à l'autre, et en fonction de l'espèce qui y est cultivée. 150 espèces connues peuplent les montagnes chaudes de l'Amérique, du Mexique au Pérou, du Pérou au Brésil (*Inga edulis, sapida, dulcis...*)

Inga

Qu'il s'agisse de petites *guabas* à la peau de velours ou de longues gousses plates (1 m de long), c'est la même substance cotonneuse et sucrée qui entoure les graines rondes et noires. Sa saveur ne saurait soulever l'enthousiasme, mais on lui reconnaît d'être rafraîchissante en boisson. Sa consommation reste locale, mais non négligeable : on suce la pulpe autour des noyaux; on en fait des boissons, comme le *cachiri* chez les Vaupés de Colombie.

L'inga est un arbre qui prête son ombre au café, et son bois sert de combustible.

JUGLANS NIGRA

Juglandacées

Noix d'Amérique

Angl. : Black Walnut.
Esp. : Nuez americana, Tocte.

Les espèces du genre *Juglans* sont en fait plus nombreuses qu'on le croit : quatre sont natives d'Amérique du Nord, trois du Mexique, deux du Japon, trois autres encore de Cuba, d'Australie et du nord de l'Asie. La *black walnut* américaine est, avec la *butternut* canadienne et la *heartnut* japonaise*, une des trois espèces qui ne se sont pas totalement laissé éclipser par la popularité de la noix anglaise.

La « noix américaine » est originaire de ce qui est aujourd'hui les États-Unis; elle reste très exclusivement américaine. Mais son usage s'est perdu même sur ses terres d'origine. Dommage ! Car la saveur de l'amande rendait à merveille en pâtisserie et en confiserie. Il faut reconnaître que sa coque est extrêmement dure et que l'amande s'émiette lorsqu'on essaye de l'extraire de son nid protecteur.

Dans la noix américaine, tout comme dans la noix commune, l'amande est à deux lobes. Elle est assez indigeste.

Le **tocte** (voir illustration p. suivante) est une variété de noix américaine que l'on trouve dans les Andes. Ce fruit d'allure primitive et grossière fait encore quelques apparitions sur les marchés. Les indigènes utilisent surtout les feuilles et la coque pour en tirer une teinture noire.

** La première est longue et mince, et la seconde est en forme de cœur. Toutes deux ont une coque dure.*

JUGLANS REGIA

Juglandacées

Noix

Angl. : Walnut.
Esp. : Nuez.

La noix, fruit du noyer, est aussi appelée « noix anglaise », ce qui ne laisse rien soupçonner de son origine perse ! Elle nous est vraisemblablement parvenue pas à pas, portée par les guerres et les migrations. Ce sont les Romains qui l'ont répandue dans les zones méditerranéennes et introduite jusqu'en Grande-Bretagne. Voilà donc un arbre qui s'adapte à une vaste gamme de climats...

Noix et Tocte

Le noyer adulte déploie ses grandes branches à l'écorce grisâtre jusqu'à parfois 25 m de haut; on l'exploite tant pour son bois que pour ses fruits : un arbre centenaire en donne encore.

Les noix fraîches ont une chair très délicate. C'est de leur enveloppe verte appelée *brou* que l'on extrait le liquide brun du même nom qui sert à teinter le bois. Sèches, elles sont tout autant à l'honneur; veillez cependant à ce qu'elles n'aient pas ranci et souvenez-vous qu'elles sont assez lourdes à digérer !

La richesse en matières grasses des noix, fraîches ou sèches, est presque légendaire : 42 et 57 % respectivement. L'huile de noix devance celles de maïs et de soja pour sa teneur en acides gras : 73 à 83 % d'acides gras polyinsaturés contre 40 à 60 % dans les deux autres; mais cette huile est plus lourde. Cuivre, zinc, potassium, phosphore, soufre, fer, calcium, vitamines A et B, etc., viennent s'ajouter pour faire des noix un aliment hautement nutritif. Elles sont autorisées aux diabétiques. On leur prête des propriétés antidiarrhéiques et vermifuges.

Précisons qu'on appelle « cerneau l'ensemble de l'amande écallée, « lobe* » chaque moitié de cerneau, et « cuisse » chacun des quatre quartiers.

* *Ces deux lobes se retrouvent chez tous les fruits du genre* Juglans.

JUNIPERUS COMMUNIS

Cupressacées

Genièvre

Angl. : Juniper.
Esp. : Enebrina.

Le genévrier pourrait rappeler les Conifères avec ses branches largement déployées et ses feuilles persistantes en forme d'aiguilles, rassemblées par verticilles de trois. Son fruit est pourtant bien caractéristique des *Cupressus*; c'est un fruit composé, rond et sec, une galbule contenant une seule graine. En fait, seuls les genévriers femelles donnent des fruits. Les inflorescences femelles sont constituées par de courts chatons ovoïdes, eux-mêmes formés d'écailles concaves et soudées à leur base sur une sorte de cupule au fond de laquelle se trouve l'ovaire. À maturité, les écailles s'épaississent et deviennent charnues, se soudent complètement et forment la « baie » que nous connaissons. Donc — et malgré les apparences —, le fruit est un cône, au même titre que la pomme de pin; le terme de baie est impropre.

Les genévriers sont des arbustes de terrains incultes; ils poussent partout où le sol est calcaire et rocailleux, dans les régions tempérées de l'hémisphère Nord comme dans les régions montagneuses des zones tropicales. Les Indiens d'Amérique du Nord les connaissent bien.

On sait que les plus anciens Juni-

Genévrier

perus signalés remontent à l'éocène. Aujourd'hui, on en compte en fait plus de vingt-cinq espèces. En Europe méridionale, la **sabine** est un genévrier dont les feuilles ont des propriétés médicinales; son fruit est petit et noir, mais il n'est pas comestible. On identifie généralement les variétés non comestibles au fait que les feuilles des arbres ne sont pas piquantes. Autre espèce, le **cade,** que l'on trouve notamment dans le Midi de la France, fournit ce liquide noir, inflammable et malodorant appelé « huile de cade », que l'on employait contre les dermatoses. Son fruit est plus gros et d'un brun rougeâtre. Quant au genévrier commun, son fruit entre dans la fabrication du gin, non pas par fermentation, mais comme substance servant uniquement à aromatiser une eau-de-vie de grains. Le genièvre, tiré des baies et de moûts de céréales, est lui-même une eau-de-vie très populaire dans le nord de la France et aux Pays-Bas. On se sert en outre du fruit pour aromatiser la choucroute et le gibier, et même pour faire des confitures ou des bonbons.

Le genièvre est en effet très aromatique : écrasé, il dégage une odeur forte. De goût, il est à la fois acidulé et sucré (30 % de sucre). Il est digestif et diurétique, mais, pour éviter d'irriter les reins, on conseille de le consommer parcimonieusement.

Lors de la cueillette, la meilleure méthode pour éviter de se piquer au feuillage est de secouer l'arbre. On constatera parfois que des fruits verts côtoient les fruits noirs; l'explication en est simple : le cycle de maturation est de deux ans.

LANSIUM DOMESTICUM

Méliacées

Langsat, Duku*

Angl. : Langsat.
Esp. : Lanzone.

Après le mangoustan, le langsat et le duku sont sans doute les meilleurs fruits originaires de la péninsule malaise, du moins selon les critères occidentaux. Si cette région du monde fournit bien souvent des fruits saturés en sucre et donc assez peu désaltérants, *Lansium domesticum* est juteux et de saveur subacide.

Originaire de Malaisie, il y est cultivé depuis très longtemps sans exiger d'ailleurs qu'on lui prête grand soin; pourtant, cette culture facile n'a pas encore été entreprise hors d'Asie : il faut dire que l'arbre, qui atteint 15 m de haut, ne porte pas de fruits avant quinze ans d'âge !

Le **langsat** est un petit fruit rond ou ovale d'environ 2,5 cm de diamètre, à la peau jaune paille, fine et veloutée au toucher. L'intérieur se divise en cinq quartiers de pulpe blanche, translucide et juteuse, renfermant un nombre variable de graines vertes en forme de fève et au goût amer. Chez le fruit mûr, le jus laiteux s'échappe de la peau.

Le **duku**, variété du langsat, se distingue par sa dimension — il fait en gros le double du langsat — et par sa peau plus épaisse et sans épanchement laiteux. La chair, généralement blanche, prend parfois une teinte rosée. La peau est un

Langsat

peu plus sombre que celle du langsat. D'ailleurs, on ne peut se tromper : les dukus se groupent par grappes de 2 à 5 fruits, alors que les langsats s'agglutinent par 30. Toujours rafraîchissante, la saveur du duku varie du doux à l'amer.

Ces deux fruits se mangent frais une fois pelés. La peau peut être gardée pour la brûler afin d'éloigner les moustiques.

LIMONIA ACIDISSIMA

Rutacées

Pomme de bois

Angl. : Wood Apple.

Ce fruit est dur comme du bois. Voilà une explication simple à son nom. De 5 à 8 cm de diamètre, il est de forme ronde, parfois pyriforme. La pulpe est de couleur rosée. On y trouve de nombreuses graines un peu cotonneuses. La pomme de bois se mange crue, cuite, ou en confiture. Vous la trouverez en Inde ou en Asie du Sud-Est, régions d'où elle est originaire.

Attention ! Toutes ces caractéristiques pourraient entraîner une confusion avec la **pomme d'éléphant**, fruit tropical, très dur et de taille équivalente, que l'on reconnaît à son allure de gros bourgeon. Il tombe encore couvert de sépales charnus et ne s'ouvre jamais. Écureuils, singes et éléphants en sont gourmands. L'homme le préfère en gelée et en pâte de fruit, sinon il est trop dur.

La pomme d'éléphant (*Dillenia indica*) est apparentée au **catmon** (*Dillenia philippinensis*).

LITCHI SINENSIS

Sapindacées

Litchi

Angl. : Lychee.

Neuf fois sur dix, l'Occidental découvre les litchis dans un restaurant chinois; indiscutablement, le fruit est le fils de la Chine : né de sa terre, on pense qu'il est originaire de la province de Canton. Aujourd'hui, il lui reste très précieux; en effet, la production de litchis compte parmi les principales ressources fruticoles, alimentant abondamment un marché intérieur friand et répondant à la demande extérieure sous forme de conserves ou de fruits secs.

Dans cette région, on en distingue une trentaine de variétés. Mais ces distinctions sont moins nettes sur les autres lieux de culture; le litchi y est d'implantation plus récente : en effet, si les premiers écrits relatifs au litchi datent en Chine du IVe siècle, le fruit n'a pas été introduit en Birmanie avant le XVIIe, et même un siècle plus tard en Inde et aux Antilles. Hawaii et la Floride le connaissent depuis le XIXe siècle, et l'introduction en Afrique date du XXe siècle. La France importe pour moitié ses litchis de Madagascar.

C'est aux Antilles que l'on a le privilège de déguster frais ce fruit tout oriental. Mais d'autres espèces appartenant à la même famille sont originaires de ce continent (voir Knèpe, p. 125).

Du point de vue de la taxinomie des Sapindacées, il est intéressant de savoir que l'on préfère réserver le nom scientifique de *Nephelium* au ramboutan (p. 133) et au pulasan (p. 135)dont l'arille (la chair du fruit) adhère au noyau, ce qui n'est nullement le cas chez le litchi, la graine noire et luisante se dégageant aisément de la délicate pulpe blanche.

L'arbre tropical, de grande hauteur, donne ses fruits par grappes plus ou moins chargées de ces petites boules rouges de 2-3 cm de diamètre que sont les litchis. Les fruits sont cueillis par grappes car ils se conservent mieux ainsi; ils perdent rapidement leur attrayante couleur rouge, mais peuvent encore se conserver quinze jours sans se gâter, ce qui permet leur exportation. Bien que sa coque brunisse

Litchi

une fois qu'il est cueilli, le fruit ne mûrit plus après le ramassage.

Sous la peau rouge hérissée de mini-protubérances, sous cette peau cassante et fragile se dissimule une pulpe délicate et juteuse au goût tout aussi indéfinissable que sa belle couleur blanc nacré dont la transparence ne laisse pas présager une consistance solide. En son cœur, la graine.

On mange ces fruits généralement crus; ainsi, l'on profite pleinement de leur teneur relativement élevée en vitamine C (comme le citron). Ils contiennent également du potassium et des glucides, peu recommandés d'ailleurs aux diabétiques; ils sont riches en calories (68 cal/100 g). Les Chinois affirment que les litchis activent la circulation et qu'ils fortifient les poumons et le cœur.

LUCUMA NERVOSA

Sapotacées

Canistel

Fr. : Ties.
Angl. : Egg Fruit.
Esp. : Canistel.

Ce fruit oblong, généralement pointu à son sommet, est de couleur jaune. Sa pulpe orange et charnue a l'apparence d'un jaune d'œuf dur, d'où son nom en anglais. Elle contient de 1 à 3 graines ovales. Le canistel est si doux qu'il peut en être écœurant; néanmoins, il plaît : par exemple, il est populaire à Cuba. Agréable en tarte, il se marie également bien avec du sucre, de la crème et du citron. Il est parfois appelé *mamey-zapote,* mais il convient de ne pas le confondre, s'il n'a qu'une graine, avec la sapote, fruit marron et plus volumineux.

Le nom de **ties** s'applique généralement aux fruits de forme plus arrondie qui appartiennent à la même espèce. On les trouve dans la moitié nord de l'Amérique du Sud, aux Antilles et en Océanie.

L'arbre, voisin de *Chrysophyllum,* possède des feuilles épaisses et coriaces.

MACADAMIA TERNIFOLIA

Protéacées

Noix de Macadamia

Angl. : Australian Nut, Macadamia.
Esp. : Nuez de Macadamia.

La noix la plus chère du monde est originaire d'Australie. Aujourd'hui, le Sri Lanka, les îles de la Sonde, la Californie et surtout Hawaii en sont également producteurs. Car cette noix plaît. Assez tendre sous la dent, onctueuse au palais, elle convient tout aussi bien pour enrichir sauces et curries que pour confectionner glaces et gâteaux comme les Américains en ont eu les premiers l'excellente idée.

La noix de Macadamia, appelée aussi **noix du Queensland,** a, en fait, usurpé son titre : du point de vue strictement botanique, c'est un follicule à graine unique, qui n'est pas une noix, bien qu'elle en ait l'apparence. Sa coque brillante, et recouverte d'une mince pellicule verte, est généralement dure, sauf pour certaines nouvelles variétés à coque fine qui ont été introduites et que l'on peut briser avec un casse-noix ordinaire. Lisse ou rugueuse selon les variétés (*M. ternifolia* et *M. tetraphylla* ou *M. ternifolia* var. *integrifolia*), la coque est donc épaisse, et si la noix entière a la taille d'une châtaigne, la partie comestible se réduit à celle d'une grosse noisette au goût d'amande du Brésil, plus douce et plus tendre.

La noix de Macadamia a une teneur en huile de 78 %. C'est donc la plus grasse des noix.

MALUS COMMUNIS

Rosacées

Pomme

Angl. : Apple.
Esp. : Manzana.

Ce n'est pas la pomme, mais les pommes qu'il conviendrait de dire. Le plus intéressant aujourd'hui n'est pas de distinguer les différentes variétés, mais de laisser son imagination se représenter la multitude de croisements, de mutations et d'hybridations qui se sont succédé depuis la pomme préhistorique jusqu'à l'incroyable diversité que nous connaissons aujourd'hui : il y aurait de 1 500 à 3 000 variétés de pommes.

Des restes de pomme découverts dans les vallées alpines ont été identifiés comme remontant à l'époque des stations lacustres préhistoriques dont les habitants conservaient les pommes coupées en long et desséchées. Du temps de Pline existaient des fruits sans pépins, et l'on sait aussi que des espèces plus volumineuses que celles d'aujourd'hui avaient déjà été obtenues. Actuellement toutes les espèces de ce fruit sont des hybrides dans lesquels se retrouve la filiation de multiples espèces. On ne saurait les dénombrer.

La gamme des variétés n'a sans doute pas toujours connu une évolution aussi mouvementée que de nos jours, où les méthodes de culture permettent des sélections et des croisements toujours nouveaux. Un exemple ? Un pommier, importé du Pérou aux États-Unis, y gagne un prix et y connaît un véritable triomphe commercial; la première mutation a lieu en 1915; depuis, ce sont plus de cent variétés issues de cette même pomme que l'on compte... Vous la connaissez : elle se nomme **Delicious.**

En France, depuis 1950 environ, les pomiculteurs ont manifesté leur préférence pour les variétés américaines, mais beaucoup de celles qu'on cultive sont déjà différentes de celles qui furent introduites.

Les plus cultivées sont certains hybrides de la **Delicious,** comme la **Richared Delicious,** uniformément rouge vif, et la **Starking,** rouge strié de marron. Issue de la **Winesap** introduite en France en 1872, la **Rouge de Rennes** est souvent préférée à la Delicious. L'amateur de pommes peut aussi déguster et même cultiver dans son jardin la **Jonathan** ou l'un de ses nombreux hybrides; cette variété découverte en 1880 a donné lieu à peu de mutations. La pomme **McIntosh**

Pommes

pourrait être d'origine russe; elle aurait été importée au Canada vers 1880-1885, avant d'atteindre l'Europe. Plus ancienne, la variété **Belle de Rome** a été introduite en France comme aux États-Unis vers 1848-1849. La **Golden Delicious** est une des premières variétés américaines qu'ait connues la France; sa peau jaune pâle permet de l'identifier à coup sûr. Quant à la **Reinette,** elle se reconnaît à sa peau brun-vert un peu rêche, et la **Cox,** à son aspect moucheté.

Mais la pomiculture n'atteint pas la même sophistication dans tous les pays ! Il y a encore des régions du monde où l'on trouve sur les marchés de petites pommes à l'aspect rustre et qui bien souvent n'ont rien à envier, côté saveur, aux pommes de taille volumineuse que l'on cherche à obtenir chez nous.

En fait, on établit la distinction entre deux sortes de pommes : les pommes de table *(Malus communis)* et les pommes à cidre *(Malus acerba).* Ces dernières sont destinées à la fabrication de cette boisson acoolisée, le cidre, qui est obtenue par fermentation du jus de fruit. En Équateur, les Indiens des Andes préparent avec la pomme dite « *pasposa* » (fripée) une boisson fermentée connue sous le nom de *colada*.

En Europe, la pomme est l'un des fruits les plus populaires. Le nom qu'on lui a donné vient du latin *pomum*, qui n'a pas d'autre signification que « fruit » ! Paradoxalement, sachez que la pomme est un faux fruit : l'ovaire est soudé au réceptacle floral, et c'est ce dernier qui devient charnu; le véritable fruit se limite au trognon... Examinez une pomme de près : vous découvrirez sa structure intérieure faite de cinq loges à parois cartilagineuses, et les deux graines nichées dans chaque loge (une seule s'il y a eu avortement). Remarquez la peau fine et imperméable de ce fruit, qui lui permet de se conserver parfaitement.

La pomme est un fruit compatible avec toutes sortes d'aliments, et ne donne pas lieu à des fermentations intestinales. Mangez une pomme le matin comme dépuratif, le soir comme laxatif, après le repas pour avoir les dents blanches et vous désinfecter la bouche. Vous avez mal au foie, la digestion difficile, des problèmes intestinaux? Mangez une pomme! Contre l'inflammation des intestins, buvez une tisane obtenue en faisant bouillir un quart d'heure deux ou trois pommes coupées en quartiers avec leurs pelures dans un litre d'eau contenant un peu de réglisse. Le jus de pomme est recommandé en cas de colibacillose, mais aussi d'arthrose et de calculs urinaires.

C'est l'acide oxalique qui blanchit les dents, l'acide malique qui neutralise l'acidité du sang, augmente l'action des ferments digestifs et diminue les fermentations intestinales; et c'est la pectine qui aide en cas de dyspepsie ou de diarrhée. Le phosphore nourrit en outre les cellules nerveuses. Évitez de peler la pomme, car sa peau contient plus de principes actifs facilitant la digestion et plus de vitamines que la pulpe. Sa forte teneur en silice consolide les os et les artères, active la circulation du sang et combat l'artériosclérose.

MAMMEA AMERICANA

Guttifères

Abricot des Antilles

Fr. : Abricot de Saint-Domingue.
Angl. : Mammee Apple, Mamey.
Esp. : Mamey.
Brés. : Abrico do Para.

Abricot des Antilles

Si vous n'avez jamais visité la zone tropicale américaine, alors vous ne connaissez sans doute pas ce fruit. L'arbre est d'une beauté singulière, portant un feuillage dense et sombre qui s'élance en forme pyramidale ou ellipsoïdale au-dessus d'un tronc court et large. Ces arbres, une fois plantés, poussent à l'état semi-sauvage. Leurs feuilles servent à faire des tisanes fébrifuges.

Le fruit, de 10 à 15 cm de diamètre, est recouvert d'une peau assez épaisse, de couleur jaunâtre tirant sur le rouille, peau parfois crevassée, et doublée d'une mince pellicule dont il faut se méfier en raison de son amertume. Ouvrir le fruit n'est pas facile, et détacher la pulpe qui adhère aux pépins ligneux (1 à 4) non plus; de grosses graines à embryon exalbuminé y sont enfermées. De ces amandes, amères et résineuses, on extrait une huile qui combattrait, dit-on, les taches de rousseur.

Le nom de ce fruit est évocateur du goût, perceptible surtout en marmelade, qui rappelle notre propre *Prunus armeniaca,* l'abricot. Néanmoins, selon les variétés, les saveurs diffèrent, étant parfois douces, parfois subacides. La pulpe elle-même prend des tons aussi variés que le beige et le rouge, en passant par le jaune doré...

Une excellente façon de le préparer consiste à alterner couches de fruits coupés en morceaux et sucre; au bout d'une vingtaine de minutes, celui-ci aura été absorbé; il suffira alors d'arroser le tout de vin doux et de mettre au frais.

Si vous voulez apprécier ce fruit, et comme il est possible que la

Abricot des Antilles

compacité de la pulpe vous rebute, essayez plutôt d'en faire de la compote. En Inde, où il est très répandu, on peut facilement se le procurer en conserve.

Mais, généralement, ce fruit se mange cru; on en fait aussi des boissons rafraîchissantes, comme au Venezuela.

Aux Antilles, on distille les fleurs de l'arbre pour obtenir une liqueur nommée « eau des Créoles ». Tout comme le fruit, cette boisson est digestive et rafraîchissante.

MANGIFERA INDICA

Anacardiacées

Mangue

Angl. : Mango.
Esp. : Mango.

La mangue est originaire d'Asie, d'une région allant du sud de l'Hi-

Mangue

malaya au nord de la Birmanie, où elle est tout à l'honneur; on s'en délecte sous forme de chutneys, de pickles, de salade. Autrefois, elle entrait même dans le déroulement de certains rites religieux. L'importance du manguier se reconnaît dans le paysage, le long des chemins, où son feuillage abondant épais et très vert protège du vent et du soleil.

Les mangues fructifient toujours à profusion, et l'on en dénombre des centaines de variétés présentant une gamme subtile de goûts dont le caractère commun est cette saveur propre aux Térébinthacées qui déplaît bien souvent aux Européens. On sélectionne les fruits en fonction de ce goût, de la taille du noyau, et également de la quantité de fibres contenues dans la pulpe, gênantes tout particulièrement si les mangues sont utilisées vertes.

Alors qu'il existe depuis 4 000 ans, ce n'est qu'au XVIe siècle que le manguier quitta l'Asie, et l'Amérique tropicale ne le connaît que depuis le XVIIIe siècle; les Portugais, notamment, contribuèrent à une large diffusion de ce fruit au Brésil. Cette difficile et tardive pénétration des continents non asiatiques peut s'expliquer par le fait que les graines ont une durée de vie particulièrement courte, et que par conséquent la future semence avait peu de chance de fructifier après un long et lointain voyage. Le cas des États-Unis est extrême : la première fructification sur le sol américain n'eut lieu qu'en 1902; on y cultive actuellement le manguier dans le sud de la Floride.

Ce sont les régions chaudes du globe qui conviennent à cet arbre. Sa grande force réside dans une immense tolérance aux conditions de climat et de sol qui lui sont offertes, associée à une croissance rapide et à une généreuse productivité au cours de sa longue vie. C'est de 8 à 9 000 fleurs, les unes femelles, les autres mâles, que comptent parfois les inflorescences, mais il est rare tout de même d'obtenir plus d'une dizaine de fruits par inflorescence...

Les mangues peuvent différer foncièrement les unes des autres : elles ont de 5 à 20 cm de long, font de 300 g à 2 kg, sont de couleur verte, rouge ou jaune, tant intérieurement qu'extérieurement, en forme de rein, de cœur, souvent ovales, parfois difformes. Le noyau, plus ou moins gros, est aplati. Une grande différence sépare les mangues sauvages et les espèces cultivées; elle porte tout spécialement sur la texture de la pulpe; les premières ont une chair fibreuse et acide, entourant un gros noyau, parfois juste bon à sucer (*Mango de chupar* en Amérique latine); les secondes ont une pulpe plus abondante et juteuse, moins fibreuse et dont le goût de térébenthine est plus discret, laissant place à une saveur douce légèrement acidulée, qui rappelle un mélange d'abricot et d'ananas. Les rouges sont généralement plus acidulées que les jaunes. Une autre variété reste verte même quand elle est mûre, conservant ainsi un peu de son goût amer; elle est souvent mangée avec une sauce épicée et sucrée à la fois, comme en Thaïlande.

La teneur en sucre de la mangue (de 11 à 20 %) en fait un fruit nutritif, et riche, qui plus est, en sels minéraux, en vitamines B, C (plus que l'orange : 60 mg/100 g pour un fruit vert) et A (elle en contient plus que tous les autres fruits de dessert avec une proportion qui est d'environ la moitié de celle de la carotte). Évitez cependant d'en trop manger; pour des raisons de régime, certes, mais aussi parce que la mangue peut causer des troubles gastriques si on la consomme avec une boisson alcoolisée ou même du lait.

Cela mis à part, la mangue est un fruit peu acide qui est très bien supporté en cas d'acidité gastrique. C'est en outre un fruit qui combat la paresse intestinale. Il faut encore signaler son action bienfaisante pour les gencives et les infections de la bouche. Le jus dilué, employé en gargarismes, soulagerait les maux de gorge. Quant à l'extrait liquide de mangue (1 à 4 g en solution aqueuse), ce serait un excellent astringent.

Goûtez à ce fruit lorsqu'il est bien frais. Les amateurs de salé le dégusteront vert, avec du citron et du sel, et les gourmands l'aimeront

Manguier Ph. Ruth Ballangé

réduit en purée avec du sucre vanillé. En Thaïlande, un dessert populaire consiste en une pâte obtenue à partir de pulpe mijotée plusieurs heures, puis séchée au soleil; la mangue y est aussi fort prisée avec du riz gluant et du lait de coco. Chutneys, potages au curry, liqueur, flocons séchés, les formes sous lesquelles se retrouve la mangue sont infinies. En Inde, certaines régions utilisent les noyaux pulvérisés et macérés comme condiment.

Vous trouverez beaucoup de mangues en Inde où d'ailleurs son nom *am* signifie en sanskrit « victuaille ». Le Sri Lanka abrite des variétés sauvages dans ses forêts, et c'est le nom tamoul *man-gay* que les Portugais ont transformé en *manga.* Mais c'est peut-être la péninsule malaise qui a développé le plus de nouvelles variétés distinctes. C'est aussi dans cette région du monde qu'existent de nombreux fruits proches des mangues sans en être : par exemple, le **bacang,** ou *horse-mango (Mangifera foetida),* qui doit absolument se manger mûr, tout comme l'odoriférant **kuini** *(M. odorata).* Les mangues de Polynésie et d'Afrique ne vous décevront pas non plus...

Comme point de repère parmi le foisonnement des mangues et de leurs variétés, référez-vous aux quatre grands groupes connus sous le nom de **Mulgoba, Alphose, Sanderska** et **Cambodiana.** Les premières, sans bec, sont jaune-rouge à maturité. Les secondes, plus longues que larges, sont jaune vif et la pulpe orange est dépourvue de fibres. Le groupe « Sanderska » offre de longs fruits au bec marqué, dont la légère acidité se prête mieux aux plats cuisinés qu'aux desserts. Les dernières, pointues à leur extrémité, sont des fruits jaunes agréablement acidulés.

Il y a de quoi se passionner pour les mangues et toutes leurs subtilités...

Mangue

Knèpe

MELICOCCA BIJUGA

Sapindacées

Knèpe

Fr. : Quenette.
Angl. : Spanish Lime.
Esp. : Mamoncillo, Guaya (Mex.), Genipe.

Du Mexique à l'Équateur en passant par les Antilles, il est possible de trouver ces petits fruits; ils y poussent à l'état spontané et leur apparition sur les marchés n'est ni régulière, ni fréquente partout. La knèpe est incontestablement américaine, inévitablement tropicale ! La plante se contente de sols pauvres et bien souvent aide aux reboisements.

Une grappe de boules vertes à la peau épaisse, coriace et rugueuse, une pulpe translucide, un peu visqueuse, parfois blanche, parfois jaune-orangé ? Dans ce fruit de 2,5 cm de diamètre, un gros noyau rond ? C'est elle ! Sucez ce petit fruit, une fois épluché, comme un bonbon; il n'est pas d'autre moyen de goûter à cette mince couche de pulpe qui adhère au noyau.

Melicocca, la dénomination du genre, signifie « baie de miel » et se réfère théoriquement à la saveur du fruit. Celle-ci répond rarement aux attentes et peut même paraître très acide ! Les noyaux — certains fruits en contiennent deux — sont comestibles une fois grillés.

Si ce fruit vous semble avoir un air de déjà vu, cherchez du côté du litchi (p. 115), certes rouge et plus charnu, mais le rapprochement est exact, puisque tous les deux appartiennent à la même famille, les Sapindacées, incluant d'ailleurs également les plantes qui fournissent le ramboutan, ou « litchi chevelu », et le longane, ou « litchi ponceau ». Ces deux derniers sont, eux, des fruits d'origine asiatique.

MELOTHRIA X

Cucurbitacées

Pepino

Angl. : Pepino, Creeping Cucumber.
Esp. : Pepino dulce.

Une traduction littérale de l'espagnol voudrait qu'on l'appelle « concombre sucré » ! Il est certes bien différent du concombre *(Cucumis sativus)*, fruit vert ou jaune que nous consommons comme légume et qui se distingue par sa forme allongée...

Néanmoins, le pepino appartient à la même famille des Cucurbitacées et au genre *Melothria*, dont on connaît une cinquantaine d'espèces herbacées dans les régions tropicales et qui donnent des fruits en forme de gros pois.

Son goût est peu marqué, mais on l'appréciera pour sa douceur rafraîchissante et pour sa chair juteuse. Sous sa peau jaune marbrée de marron, une pulpe ferme mais aqueuse enserre plusieurs petites graines localisées au centre même du fruit.

Ce fruit pauvre en sucre (5-6 %) est riche en vitamine C (de 34 à 60 mg), en potassium (de 115 à 123 mg) et en sodium (environ 1 g).

MESPILUS GERMANICA

Rosacées

Nèfle commune

Angl. : Medlar.
Esp. : Nispero.

Quand on parle de nèfles, il convient tout d'abord de distinguer la nèfle commune de la nèfle du Ja-

Pepino

Nèfle *Ph. © Alain Carrara-Jacana*

pon appelée bibasse (voir p. 97) ou loquat. La nèfle commune était autrefois plus répandue chez nous. Aujourd'hui, le loquat originaire d'Asie est plus connu, car, juteux et acidulé, il plaît au palais des Occidentaux. Il fait son apparition en mai, alors que la nèfle commune, qui est moins sensible au froid, vient en automne, même après les premières gelées.

Septembre est l'époque où la nèfle finit de mûrir; elle s'adoucit, sa chair, d'abord dure et acerbe, se transforme en une pulpe sucrée, sa peau, résistante, passe du jaune-orangé au brun. La récolte des fruits se fait de préférence après les premières gelées mais avant la chute des feuilles. C'est alors qu'il faut la manger, presque blette. On peut tirer de leur fermentation un alcool agréable.

Le signe distinctif qui permet d'identifier la nèfle à coup sûr est un gros œil rond qu'elle porte enfoncé à son sommet. Il convient de choisir les plus mûres, car ces fruits sont bien souvent récoltés un peu tôt lorsqu'ils sont destinés à suivre un circuit de distribution. Leur handicap auprès du consommateur est de contenir cinq noyaux durs qui occupent une bonne moitié du cœur d'un fruit gros comme une prune.

Si ce fruit est peu prisé, ce n'est pas faute de s'être fait connaître. En effet, *Mespilus germanica* est originaire d'Iran et le Bassin méditerranéen le cultive depuis l'Antiquité. De là, il s'est répandu fort tôt au nord des Alpes. Aujourd'hui, il croît à l'état sauvage dans presque toute l'Europe.

À son actif, richesse en sels alcalins et en vitamines B qui contribuent au bon équilibre nerveux. Sa vertu thérapeutique principale est d'être un bon régulateur des fonctions intestinales.

Sa saveur s'associe bien à la crème fraîche, et sa pulpe onctueuse permet de faire des sauces accompagnant le gibier.

MONSTERA DELICIOSA

Aracées

Cérimon

Angl. : Pine Tree Fruit.

La plante est magnifique, avec ses immenses feuilles cordiformes, coriaces et épaisses, perforées de chaque côté de la nervure médiane et profondément découpées. Elle est d'ailleurs de la même espèce que notre philodendron.

Les fruits sont juteux, sucrés et parfumés comme pourrait l'être un hybride d'ananas et de banane... Mais cela est trop beau : cette pulpe blanche cause à certains une légère brûlure des muqueuses buccales; c'est qu'elle contient de l'oxalate de calcium, mais celui-ci disparaît à la cuisson et chez les fruits parfaitement mûrs. Blancs ou jaunes, choisissez donc ceux dont la pulpe est bien tendre et testez vos réactions. Mexique, Antilles, Brésil et Floride vous en offriront.

Le cérimon, né d'une inflorescence, est en réalité constitué de

Cérimon Ph. © Michel Viard-Jacana

nombreux petits fruits qui, réunis tous ensemble, lui confèrent sa forme caractéristique en épi (20-24 cm de long).

MORUS NIGRA

Moracées

Mûre

Angl. : Mulberry.
Esp. : Mora.

Le mûrier fait partie de la famille des Moracées tout comme le figuier et l'arbre à pain. On pense qu'il nous vient de l'Himalaya. Il en existe en fait trois espèces différentes. *Morus nigra* donne des fruits noirs, juteux et sucrés; ils ressemblent aux mûrons avec lesquels on peut les confondre; mais ils ont moins de saveur, et ils ont une forme plus allongée, plus irrégulière, ainsi qu'un léger duvet qui les recouvre. *Morus rubra*, le plus rustique, donne des fruits plus cylindriques de 3 cm de long; ils sont d'un rouge pourpre et sont encore plus sucrés; on les trouve rarement sur les marchés. Quant à *Morus alba*, originaire de Chine et introduit en France au XVe siècle, il est renommé pour ses feuilles dont se nourrissent les vers à soie; les fruits rose pâle sont certes sucrés, mais insipides.

MUSA PARADISIACA
MUSA ACUMINATA

Musacées

Banane

Angl. : Banana.
Esp. : Platano.

L'un des fruits les plus commercialisés dans le monde est certainement la banane. Mais pour être familier, il n'en dissimule pas moins une amusante variété, et répond ainsi à divers usages.

Le mot « banane » proviendrait du nom du port africain d'où auraient été importés les premiers spécimens... Le nom latin *Musa paradisiaca* proviendrait quant à lui d'hypothèses anciennes très risquées qui ont fait jouer au bananier un rôle dans l'histoire du Paradis perdu. Celui de *Musa sapientum* est dû à Pline qui parle de la banane comme étant l'aliment des sages, tout comme le fait d'ailleurs la littérature hindoue d'avant notre ère.

Mais, sur l'origine du fruit, rien de bien précis, si ce n'est que ces deux espèces sont connues depuis les temps les plus reculés et qu'il est incontestable que la plante pousse naturellement en Asie. On pense actuellement que les bananes seraient originaires d'Extrême-Orient.

Le commerce des bananes est à lui seul toute une histoire. Les marchands arabes furent les premiers à proposer le fruit en Espagne et en Italie; mais le commerce actuel n'a véritablement démarré qu'à la fin du XIXe siècle : c'est en 1870 qu'eut lieu le premier arrivage aux États-Unis. En Europe, seuls les Anglais suivirent le mouvement, poussés par l'attrait de l'exotisme; en 1925, ils en importaient quatre fois plus que le reste de l'Europe — mais six fois moins que les États-Unis. À cette époque, Joséphine Baker menait la « Revue Nègre » au Théâtre des Champs-Élysées, vêtue en tout et pour tout d'un pagne confectionné de bananes ! L'Europe attendit les années 1930 pour développer ses importations, chaque pays s'enfermant dans des mesures protectionnistes au bénéfice de ses propres colonies. Si la Seconde Guerre mondiale entraîna une pause dans ce commerce et même une désorganisation des productions, la paix revenue favorisa l'avènement de nouveaux producteurs et l'accroissement général des productions. Aujourd'hui, les bananeraies sont d'immenses plantations. Les premières à avoir été établies datent de 1870 en Colombie et en Amérique centrale. Auparavant, le bananier était cultivé de façon extensive par les colons du XVIIIe siècle pour donner de l'ombre aux cacaoyers et caféiers. Aujourd'hui, l'Équateur, Costa Rica et l'Afrique de l'Ouest sont les premières régions productrices de bananes. Leur commerce revêt parfois la forme d'un troc, lorsqu'il permet par exemple de financer des importations sans sortir de devises.

Les bananiers sont non pas des arbres mais des plantes herbacées gigantesques atteignant jusqu'à 10 m et déployant alors des feuilles de 3 m de long. Ils se perpétuent par bourgeonnement de la souche; les pousses se développent, fructifient, puis se dessèchent et meurent, suivies par d'autres plus jeunes vouées au même sort. Ainsi, de rejet en rejet, s'affirme la perennité de la plante. Le cycle de croissance d'un rejet est très rapide et son existence ne dépasse pas une année.

N'oublions pas que le bananier que nous connaissons et cultivons est complètement stérile; il n'existe pas à l'état naturel. Vous pouvez toujours chercher des graines : elles sont constamment avortées ! Jadis, la banane renfermait des graines foncées et amères. Les espèces cultivées auraient été obtenues dès la préhistoire grâce au croisement de deux espèces non stériles et complémentaires; les plants issus par la suite de croisements, d'hybridations et de mutations ont été propagés par voie asexuelle. Il existe encore en Indochine et en Malaisie des bananiers à fruits comestibles dans lesquels on trouve quelques graines.

Parmi les trois espèces distinctes actuellement cultivées, la banane commune est *Musa paradisiaca*, à laquelle sont rattachées la **gros-michel** et la **banane-cochon** à cuire; au Mexique, il y en aurait de 18 à 20 variétés. *Musa sapientum* fournit des fruits plus petits, plus recherchés pour leur chair délicate, plus onctueuse et plus sucrée, presque entièrement dépourvue de fibres; c'est la plus répandue. *Musa nana* est le fruit d'un bananier nain; *Musa sinensis* en est une variété plus fragile à laquelle se rattache la banane **Poyo** des Antilles, très parfumée.

De nombreux hybrides viennent élargir cet éventail de formes, de tailles et même de couleurs. Il y a des bananes rouges, particulièrement onctueuses. Il y a aussi la **plantain** (*Musa cavendishii*), banane verte qui doit être cuite. Du point de vue botanique, les plantains sont des bananes de constitution génétique différente, présentant notamment une autre structure des fleurs. Elles sont de taille supérieure aux autres avec leurs 20 à 30 cm de long. Il y a encore les **bananes-figues**, qui ne dépassent pas 10 cm, les **figues-pommes**, moins sucrées, et les minuscules **figues bambous**.

On a recensé une cinquantaine d'espèces de *Musa* vivant à l'état sauvage dans les régions tropicales, mais seules quelques-unes produisent des fruits comestibles; l'homme ne les a pas toutes négligées pour autant : *Musa textilis* fournit le chanvre de Manille, *Musa ensete* sert de plante ornementale, et d'autres nourrissent le bétail de leurs feuilles et pseudo-tronc.

Goûtez toutes les sortes de bananes que le hasard mettra sur

Bananier Ph. Ruth Ballangé

votre route mais, surtout, choisissez-les mûres et non mûries artificiellement. En effet, verte, une banane est très indigeste à cause de son amidon non transformé en sucres. Mâchez bien cette pulpe épaisse ! Certains disent que la banane doit être digérée dans la bouche... Et si vous la mettez au réfrigérateur, ne vous effrayez pas si la peau noircit; le fruit reste bon à l'intérieur.

De nos jours, en Europe, l'habitude est de consommer les fruits en fin de repas, ce qui n'est pas à recommander, surtout pour les bananes, car elles se combinent mal avec les féculents et les graisses, avec les sucres industriels et les fruits très acides. En fait, la banane peut constituer un repas à elle seule, si l'on boit du lait en accompagnement, par exemple. Dans les pays producteurs du tiers monde, elle est très précieuse car elle tient parfois lieu d'aliment de base, de « bifteck des pauvres ».

Très calorique (90 cal/100 g), riche en hydrates de carbone, c'est une source bonne d'énergie musculaire. Ses sels minéraux en font un bon fortifiant des os et du système nerveux. Son sucre sous forme de lévulose est toléré par les diabétiques. C'est donc un aliment précieux qui ne charge ni le travail de l'estomac, ni celui des reins, car il est pauvre en albumine. La médecine naturelle emploie la banane pour calmer les diarrhées. Dans les Andes, les paysans appliquent la peau frite sur les plaies qu'il faut faire suppurer.

On peut accommoder très diversement les bananes selon les variétés. Ainsi, la banane plantain, qui est un légume, est immangeable crue. On peut la faire griller ou frire, entière ou en tranches très fines à la manière de pommes chips, et même en faire une soupe. Les autres variétés se prêtent à de multiples recettes de desserts.

On signalera enfin la possibilité d'élaborer des boissons alcoolisées

Banane

Ramboutan

à partir de la banane : il y a notamment le pombé, sorte de bière africaine; aux Philippines, on s'en sert pour fabriquer un vinaigre.

NEPHELIUM LAPPACEUM

Sapindacées

Ramboutan

Fr. : Litchi chevelu.
Angl. : Rambutan.

Il porte bien son nom, recouvert comme il est de longs poils rouge-orangé aux reflets verts, chevelure souple et brillante... Originaire de Malaisie, son nom lui vient du malais *rambut*, qui signifie « cheveux ». Quant à son nom scientifique, *lappaceum*, il fait allusion à sa ressemblance avec une bardane. On le trouve en Asie du Sud-Est ainsi qu'en Amérique centrale.

Sous sa coque chevelue, on découvre un fruit légèrement oblong proche du litchi; le ramboutan appartient effectivement à la même famille que ce dernier et que le longane ou la knèpe (voir p. 134 et 125). Même pulpe blanche, ferme et parfumée que le litchi... et mêmes usages. Mais que ce soit frais, sec, ou en conserve, le ramboutan est bien moins délectable que son proche parent : moins juteux, moins fin et savoureux... D'ailleurs, la qualité de ces fruits est variable; pour choisir les meilleurs, il convient d'acheter ceux dont les cheveux ont les reflets les plus verts à leur pointe. La plupart du temps, ils présentent l'inconvénient d'une pulpe qui se détache mal et entraîne alors avec elle des parties du noyau friable. Or, ce noyau plutôt volumineux est assez amer... et réputé narcotique. Une vingtaine de variétés environ ont été dénombrées dans le Sud-Est asiatique. Les plus gros atteignent 5 ou 6 cm.

Très populaire auprès des Asiatiques, le ramboutan est rafraîchissant. Il offre 55 calories et 30 mg de vitamine C pour 100 g. Pour la petite histoire, sachez que les noyaux grillés donnent une graisse utilisée comme suif dans la fabrication de bougies.

Tout un exotisme oriental résonne dans ce nom dont l'étymologie chinoise *long-yen* fait surgir devant nous un œil de dragon. Mais le longane ou « œil de dragon » n'a rien de menaçant; c'est un fruit voisin du litchi, à la peau jaune brunâtre, parfois rosée, et dont la chair est blanche et translucide. C'est son noyau noir marqué d'une tache blanche qui, ressemblant à un œil, lui vaut son nom.

Ramboutan

NEPHELIUM LONGANUM
EUPHORBIA LONGANA

Sapindacées

Longane

Fr. : Litchi ponceau.
Angl. : Longan.
Esp. : Longana.

Fort répandu en Chine depuis des milliers d'années, ce fruit est néanmoins originaire de l'Inde. Depuis peu, l'Amérique tropicale l'a accueilli sur son sol, mais pour l'instant les variétés obtenues y sont moins savoureuses qu'en Orient et les fruits nécessitent d'être cuits.

D'aucuns trouvent au longane une odeur caractéristique, rappelant un léger effluve d'éther, mais on apprécie généralement sa pulpe blanche pour sa saveur sucrée et son arrière-goût acidulé. Les Chinois en sont grands amateurs.

On consomme le fruit au sirop, frais, ou encore confit. Il est comparable au litchi pour sa richesse en calories (65 cal/100 g) et sa teneur en vitamine C : 55 mg/100 g. Sa teneur en sucre est d'environ 15 %. Certaines personnes, qui ne l'aiment guère, l'apprécient mieux une fois cuit ou alors en conserve, le fruit s'y prêtant tout à fait bien.

La pharmacopée orientale utilise l'arille comme fébrifuge et, en Chine, les graines, du fait de leur richesse en saponine, entrent dans la confection de shampooings.

La saison du longane suit généralement celle des litchis; vous pourrez ainsi comparer la saveur des deux fruits : le litchi l'emporte en parfum.

Longane

Le longane pourrait éventuellement être confondu avec le **wampi** *(Clausena lansium)*, qui fait partie des Rutacées. Ce fruit se trouve essentiellement en Chine. Il ressemble certes à un longane, mais il est de forme plus oblongue, et il contient de quatre à six noyaux verts.

NEPHELIUM MUTABILE

Sapindacées

Pulasan
Kapulasan

Vous le prendrez sans doute pour une variété de ramboutan, d'autant que tous les deux sont mûrs à la même époque. Certes, il s'agit d'un fruit du même genre et de la même famille, mais distinct, moins connu et moins réputé également.

De plus petite taille que les ramboutans, serrés par grappes de 3 à 5 fruits et non regroupés en lâches bouquets de 10-12 comme eux, les pulasans se reconnaissent à leur tige épaisse, et à leurs « cheveux » plus gros, plus courts, moins effilés et uniformément rouge sombre.

Sous cette couverture chevelue, le pulasan offre la même pulpe blanche et un peu translucide que le ramboutan, mais en moins juteux. Il en existe différentes qualités; cependant, quelle que soit la variété, le pulasan reste un fruit fade et doux. Originaire de Java et de Bornéo, ce fruit est chez lui dans les basses terres tropicales d'Asie, comme dans l'actuelle Malaysia.

Branche d'olivier Ph. © Rudolf König-Jacana

OLEA EUROPÆA

Oléacées

Olive

Angl. : Olive.
Esp. : Oliva, aceituna.

La saveur de la gastronomie méridionale ne saurait être parfaite sans l'huile d'olive dont on arrose généreusement les plats. Originaire d'Asie Mineure, l'olive nous est venue d'Orient par la Méditerranée. Il en est question dans la Genèse et dans Homère. C'est vers l'an 600 av. J.-C.que les Phocéens l'importèrent jusqu'en Provence; de là elle gagna l'Italie, progressant à travers l'Europe méridionale, tout particulièrement pendant le Moyen Âge. C'est au XIXe siècle que la culture de l'olive subit ses premiers revers, connaissant de difficiles conditions climatiques tout en pâtissant de la popularité accrue des huiles concurrentes.

Les olives restent fort populaires, et chacun connaît ces drupes lisses au noyau pointu à ses deux bouts. Vertes ou noires, ce sont les mêmes : l'**olive verte** est une olive non encore mûre; on ne pourra la consommer qu'après une préparation nécesaire pour lui enlever son âcreté; elle est généralement adoucie par un court séjour dans l'eau de chaux et conservée ensuite dans la saumure. Moins grasse que l'olive noire (celle-ci, sèche, contient environ 50 % de matières grasses), elle est en revanche plus lourde à digérer. L'**olive noire,** très mûre, peut se consommer fraîche. Traditionnellement piquées, plongées dans la saumure bouillante, et salées, ces olives se conservent dans l'huile, additionnée ou non d'herbes aromatiques.

Du péricarpe verdâtre de l'olive (de 10 à 35 % d'huile), ainsi que du noyau, on extrait cette huile jaune verdâtre qu'est l'huile d'olive. Par une première pression, pression modérée, on obtient une huile très fine qui sert de base à certaines huiles médicinales. Ensuite, par pressions successives, viennent des huiles pour la consommation humaine et l'industrie (l'industrie de la savonnerie notamment).

L'huile d'olive contient principalement des acides gras insaturés et elle est très riche en triglycérides; avis aux cardiaques... Elle présente l'avantage de rancir très difficilement. Sa richesse en vitamines sera supérieure si elle est extraite d'olives mûres, donc noires. Merveilleux arôme..., mais aussi bon laxatif, même en cas d'inflammation gastro-intestinale. En cas d'insuffisance hépatique ou biliaire, l'huile d'olive obtenue par première pression à froid est tout à fait recommandée. C'est également un substitut adéquat de certains produits cosmétiques pour les soins des peaux sèches.

Bien évidemment, si l'huile possède ces propriétés, le fruit aussi dispense les mêmes bienfaits. Il est riche en sels minéraux et en vitamines A et C. Il stimule agréablement l'appétit et les fonctions digestives stomacales. Voilà sans doute pourquoi les olives, parfois fourrées et piquantes, trouvent naturellement leur place à l'apéritif, sous forme d'amuse-gueule. Notez l'apport de 224 calories contenues dans 100 g.

Les Japonais font un usage intéressant de l'espèce *Olea fragans,* dont ils utilisent les fleurs pour parfumer leur thé.

OPUNTIA FICUS-INDICA

Cactacées

Figue de Barbarie

Angl. : Prickly Pear.
Esp. : Tuna, Higo chumbo, Nopal.

Figue de Barbarie

Figuier de Barbarie Ph. Ruth Ballangé

Le cactus *Opuntia* engage peu à la cueillette : il est certes doté de belles fleurs jaunes, mais aussi de ramifications en forme de raquettes armées d'aiguillons. Son fruit décourage tout autant avec son manteau de piquants, fins comme de la laine de verre, qu'avec la structure granuleuse de sa pulpe aux innombrables petites graines. Voilà de quoi dépiter les goûteurs impatients ! Néanmoins, ce fruit est rafraîchissant, agréablement sucré et sans saveur trop prononcée. On l'apprécie donc beaucoup par grande chaleur. Ce sont d'ailleurs des zones torrides qui l'ont reçu en partage; l'*Opuntia* est en effet une plante des climats arides, où elle pousse comme de la mauvaise herbe rapidement envahissante.

Si le Mexique est son pays d'origine, elle est également fort répandue dans toute l'Europe méditerranéenne. Les moines franciscains ont tout d'abord introduit la figue de Barbarie en Californie du Sud, puis des navigateurs l'ont portée en Espagne, d'où elle s'est dispersée dans le Bassin méditerranéen.

Du point de vue nutritif, on ne saurait mentionner que son fort pourcentage de sucre (14 %); parmi les boissons fermentées et alcoolisées locales, la « tequila » a acquis une renommée mondiale. Les autres façons d'accommoder ce fruit vont de la salade, comme au Mexique, à la confiture que j'ai vu confectionner aux États-Unis; pour éliminer les minuscules graines, il convient alors de passer la pulpe très précautionneusement. Et ne vous effrayez pas si sa consommation teinte l'urine en rouge ! C'est normal; c'est d'ailleurs cette même couleur rouge-ocre que les fruits prennent à complète maturité. Sachez pourtant que, à haute dose, ils constipent.

Il en existe plusieurs espèces comestibles, que les autochtones savent identifier selon l'épaisseur des raquettes, la longueur et le nombre des épines, la taille et la forme. Les meilleures variétés ont une pulpe plus juteuse, plus molle et translucide. *Opuntia ficus-indica* donne généralement des « figues » plus volumineuses que ses cousines et possédant moins d'épines que beaucoup d'entre elles.

D'autres variétés offrent des usages plus industriels : c'était sur *Opuntia cochenillifera* du Mexique et sur *Opuntia tuna* que l'on élevait autrefois la cochenille. Cet insecte fournissait une matière colorante que les Mexicains employaient pour teindre en rouge armes, cotons et habitations. Cet usage était déjà développé quatre siècles avant notre ère. Quant à l'espèce type, *Opuntia vulgaris,* elle fournit une gomme appelée « gomme de Nopal ».

PASSIFLORA EDULIS

Passifloracées

Fruit de la passion

Fr. : Grenadille rouge.
Angl. : Passionfruit, Purple Granadilla.
Esp. : Granadilla purpurea, Maracuja.

Ce que nous appelons « fruit de la passion » est le fruit d'une plante grimpante fort vigoureuse, elle-même appelée *pasionaria;* ce nom fait allusion à la structure singulière des fleurs que l'on nomme également « fleurs de la passion ». On en

Fruit de la passion (maracuja)

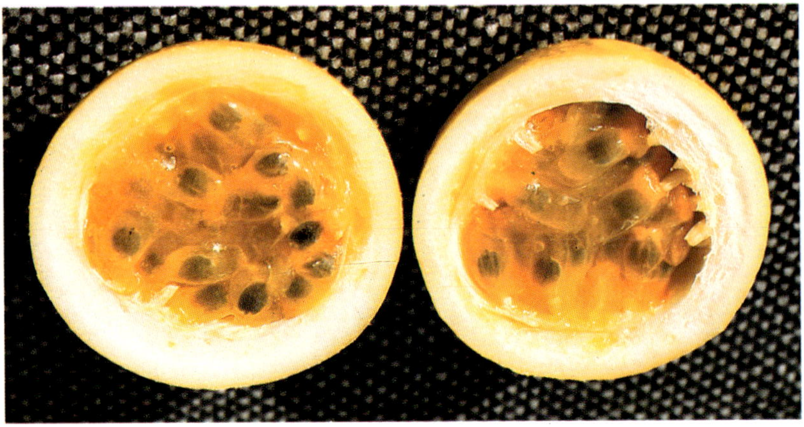

Fruit de la passion

a en effet assimilé les filets à la couronne d'épines, les trois styles qui terminent le pistil aux clous du Crucifié, et les étamines aux marteaux, utilisés pour enfoncer ces clous. Cette fleur très particulière servait aux prêtres espagnols à expliquer la Passion de Jésus-Christ aux Indiens convertis.

La plante est connue dans les pays tempérés, non pour ses fruits, mais justement pour ses grandes fleurs solitaires, rouges ou jaunes, et parfumées. Les fruits résultent d'une pollinisation due à des abeilles tout à fait spécifiques.

Le fruit, botaniquement, est une baie recouverte d'une peau épaisse et lisse. Il est en forme d'œuf, de la taille d'une petite pomme (4-6 cm), dont la peau rappelle un peu au toucher le carton; chez les fruits trop mûrs, elle se ramollit, se ride, puis se ratatine. De couleur jaune ou marron-pourpre allant jusqu'au violet, elle contient de très nombreuses graines noires entourées de leur tégument, substance mucilagineuse jaune clair ou orangée constituant toute la pulpe du fruit.

Il existe en fait deux types distincts de cette espèce de passiflore, les variétés *edulis* et *flavicarpe :* la première, à peau rouge, est également appelée **grenadille rouge;** la seconde, à peau jaune, est généralement connue sous le nom brésilien de **maracujà.** Cette dernière est plus lourde, elle contient un plus grand nombre de graines et davantage de pulpe, et elle est plus aromatique et acide; en revanche, elle est plus fragile que la grenadille rouge qui, par conséquent, est bien souvent préférée à l'importation. Un certain nombre d'hybrides, fruits jaunes avec des degrés divers de rouge, ont été produits. Les fruits jaunes sont mieux adaptés aux altitudes basses et moyennes, alors que les rouges le sont à la culture en climat plus frais à altitude élevée. Ainsi, la grenadille rouge est produite principalement en Australie, en Papouasie-Nouvelle-Guinée, en Afrique du Sud et au Kenya, alors que le maracujà est surtout sud-américain. La pasionaria reste néanmoins une plante des climats tropicaux et subtropicaux. Mais on ne sait pas trancher sur ses origines : pour certains, elle est brésilienne, pour d'autres, australienne...

Sur le plan gustatif, la grenadille rouge est très parfumée, mais elle a moins de jus que le maracujà. Celui-ci a une pulpe juteuse dont le goût très soutenu, sucré et acidulé rafraîchit, réveille, et soulève des enthousiasmes passionnés chez les amateurs de jus, de sorbets et de glaces. Pour obtenir le jus, placez la pulpe dans de l'eau et agitez (par exemple à l'aide d'un mixeur), puis passez le tout pour écarter les graines.

De cette pulpe on dit le plus grand bien pour ses propriétés antispasmodiques et même pour les soins de la peau. De plus, le fruit est riche en vitamines C et A; ses graines seraient vermifuges. Néanmoins, on en dit aussi du mal : ce serait un narcotique; il est vrai que d'autres Passiflores en sont de puissants lorsqu'on utilise leurs racines, comme c'est le cas de *Passiflora quadrangularis* (la barbadine), mais le jus de fruit de la passion n'est nullement doté de cet effet.

PASSIFLORA LIGULARIS

Passifloracées

Grenadille commune

Angl. : Sweet Granadilla.
Esp. : Granadilla, Chulupo, Parachita.

Les grenadilles sont essentiellement connues en Amérique tropi-

Grenadille

Grenadille

cale. Ne les cherchez pas ailleurs ! *Passiflora ligularis* est commune dans les Andes et dans les zones d'altitude, car cette plante aime les régions montagneuses des tropiques : aux environs de 1 500-2 000 m, elle produit son fruit une fois l'an; au-dessus, elle fleurit, mais ne fructifie pas.

Plus ovale que le fruit de la passion, mais contenant les mêmes graines noires, c'est un fruit à la grosse peau jaune-orangé, tirant parfois sur le pourpre. La pulpe, d'un blanc translucide, est très liquide, mais moins acidulée et parfumée que celle du fruit de la passion.

Celle-ci mise à part, on connaît de nombreuses espèces de grenadilles, qui ont largement pénétré aux Amériques, du Nicaragua au nord du Pérou, en passant par les Antilles, certaines préférant des altitudes inférieures à 1 400 m, contrairement à leur sœur-modèle qu'aucune ne réussit à égaler en saveur.

PASSIFLORA MOLLISSIMA *

Passifloracées

Taxo

Angl. : Banana Passionfruit.
Esp. : Curubo (Colombie), Taxo, Granadilla de Quijos.

Appartenant à la même famille que le « fruit de la passion », mais d'un genre différent, le taxo est lui aussi issu d'une plante qui se distingue par son long calice portant deux couronnes; cette caractéristique est commune aux espèces du genre *Passiflora. P. mollissima* est une plante grimpante qui pousse dans les Andes à de très hautes altitudes (entre 2 200 et 3 200 m), du Venezuela au Pérou.

L'espèce la plus commune sur les marchés est le taxo. C'est une longue baie, mince et jaune, dont les graines sont rangées en ligne le long des parois intérieures et entourées comme chez toutes les Passiflores par un mucilage visqueux qui n'est en fait rien d'autre que le tégument du fruit, l'enveloppe de la graine. Il est ici rose saumon. Certaines variétés sont moins allongées, de couleur plus pâle et verte, mais elles ont un goût identique.

Le taxo est, dit-on, recommandé au petit déjeuner, à jeun, pour combattre certains cas de dysenterie. C'est un fruit assez riche en vitamines A (1 700 U/100 g) et C (70 mg/100 g). Il possède un arôme qui se marie particulièrement bien avec le lait, que ce soit en glace ou tout simplement en milk-shake.

Taxo

PASSIFLORA QUADRANGULARIS

Passifloracées

Barbadine

Angl. : Giant Granadilla.
Esp. : Granadilla gigante.
Brés. : Maracuja melaõ.

Aux multiples appellations locales d'Amérique latine (*badea, tumbo, albudeca*) s'en ajoutent parfois d'autres, usurpées, comme *sandia* qui désigne en fait la pastèque. C'est que les apparences incitent pernicieusement à des abus de langage : en effet, ce fruit ressemble à un melon, ou du moins à un fruit de cucurbitacée oblong, du fait de sa taille (25 cm de long, 12 cm de large) et de sa peau lisse, jaune-vert. Mais il est très léger. On le trouve en Amérique centrale et dans le nord de l'Amérique du Sud, d'où il est originaire. Son introduction en Afrique occidentale et en Asie date de moins d'un siècle.

Si vous cherchez ce que cette passiflore peut bien avoir de « quadrangulaire », d'après son nom latin, c'est du côté de la tige qu'il faut regarder. Comme tout fruit de passiflore, la barbadine révèle une cavité, remplie de graines allongées et d'un mucilage blanc, teinté de pourpre.

Cette pulpe est très prisée en jus et excellente en marmelade, car on en apprécie la saveur légèrement aigre-douce. Aux Antilles, on l'aime accommodé avec du rhum et du sucre. Le fruit encore vert est parfois cuisiné en légume.

PERSEA GRATISSIMA

Lauracées

Avocat

Angl. : Avocado Pear.
Esp. : Aguacate, Palta.

Avocat

L'avocat, voilà une belle illustration de réussite commerciale en Europe ! Il n'y est une denrée commune que depuis les années 1960; à la suite d'une bonne organisation de marché et de la constatation que l'avocat voyageait sans problèmes, l'introduction en fut massive. De 1965 à 1985, l'Europe a multiplié ses importations par 60.

Mais qui sait sur le vieux continent que « avocat » vient de la racine aztèque *ahuacatl,* ce qui témoigne de son origine centre-américaine, sans doute mexicaine ?

Les aborigènes en faisaient usage depuis la plus lointaine antiquité. Répandu en Amérique du Sud, on a la certitude que le Pérou le connaissait à l'époque précolombienne; les Antilles en revanche l'ignoraient à l'arrivée de Christophe Colomb. Introduit également en Floride (1833) et en Californie (1871), il s'est fait connaître ensuite sur les sols d'Afrique et d'Asie. Sa culture en Israël date d'une époque plus récente; le pays fournit en partie l'Europe dont les variétés du Bassin méditerranéen, très rustiques, ne sont pas commercialisables.

Une des difficultés de la culture des avocats tient au fait que les fleurs sont hermaphrodites, mais que les organes femelles et mâles n'arrivent pas à maturité au même moment; par conséquent, la reproduction agame est la plus répandue. Mais si vous voulez voir pousser votre avocatier, cela est aisé.

Plantez le noyau tête en haut et recouvrez-le d'une mince couche de terre. D'ailleurs, les avocats doivent leur diversité (plus de 500 variétés) au fait que chaque arbuste issu d'un noyau est potentiellement un nouveau cultivar.

La palette des variétés s'étale sur les marchés d'Amérique du Sud où certains avocats sont encore cultivés sans soins particuliers; en Europe n'arrivent que les meilleures sélections.

Les variétés cultivées se regroupent sous trois rubriques principales.

— La race **mexicaine** *(Persea drymifolia)* est particulièrement cultivée dans la région centre-sud de ce pays; les fruits sont petits (2,5 à 7,5 cm de long), ont un pédoncule cylindrique, une peau verte, parfois rouge-brun, fine et fragile; la pulpe au goût de noix contient jusqu'à 29 % de graisses et dégage une odeur d'anis. Cette variété est la plus résistante au froid.

— La race **antillaise,** en revanche, aime la chaleur et l'humidité; elle donne des fruits de plus de 7 cm, et allant parfois jusqu'à 25 cm ! On distinguera le pédoncule conique, la peau épaisse mais flexible, la couleur verte tirant au jaune.

— La race **guatémaltèque** donne des fruits tout aussi gros mais moins gras (5 à 14 %); la saveur en est donc plus aqueuse. On les reconnaîtra au pédoncule en forme de clou, à la peau dure et cassante qui varie du jaune au brun-acajou.

Ajoutez aux races précédentes de

Avocat

nombreux hybrides. Ainsi, les avocats d'Israël et d'Afrique du Sud sont généralement des hybrides mexico-guatémaltèques et les avocats du Maroc sont soit des variétés antillaises, soit des hybrides antillais-guatémaltèques.

On a obtenu récemment une variété sans noyau, de la taille et de la forme d'un cornichon, que l'on a baptisée pour cela « avocat-cornichon ». Leur chair onctueuse est en tous points semblable à celle des autres avocats.

Pour l'anecdote, sachez que les missionnaires espagnols avaient frappé l'avocat des mêmes règles d'abstinence que la viande, compte tenu de la richesse, l'onctuosité et la saveur de cette pulpe si pleine de matières grasses qu'on la surnomme parfois le « beurre vert ».

Ces graisses sont digestes et fournissent un apport calorique important. Une bonne richesse en vitamines (A, B, C, E, D, et PP) et en substances albuminoïdes font de l'avocat un fruit très nutritif qui, par ailleurs, présente l'avantage de se combiner avec tout autre aliment. On le recommande notamment dans certaines affections de l'estomac et de l'intestin, aux faibles, aux nerveux, aux jeunes en pleine croissance. L'huile d'avocat est comestible, mais on l'utilise surtout dans la préparation de produits cosmétiques parce qu'elle est très facilement absorbée par la peau. Appliquée sous forme de massage du cuir chevelu, elle agirait préventivement sur les pellicules et la chute des cheveux. On lui attribue aussi des effets en cas de rhumatismes ou de goutte....

Les recettes anciennes prescrivent d'appliquer les feuilles d'avocatier chaudes sur la tête des personnes en proie à la migraine, et de les boire infusées en tisane dans les cas d'affections respiratoires. L'extrait de noyau pourrait être utilisé comme remède à la colibacillose.

Pour s'en tenir à des recettes plus gastronomiques, et varier les préparations en salade, essayez la soupe d'avocats d'Amérique latine. On peut aussi préparer des mets sucrés, tels sorbets ou laits battus.

PERSICA VULGARIS*

Rosacées

Pêche

Angl. : Peach.
Esp. : Durazno, Melocotón.

Parfois croquants, parfois fondants, rouges comme les pêches dites « de vigne » ou jaunes comme les pêches-abricots, ces fruits cachent sous leur peau fine et duveteuse, presque désagréable au palais, une chair juteuse et sucrée, ainsi qu'un noyau ridé de bonne taille, qui se détache plus ou moins facilement de la pulpe.

La **pavie** est une pêche dont la chair adhère à ce noyau, qui est de couleur jaune et au goût légèrement acidulé; elle présente un arôme tout particulier dû à la silice qu'elle contient, fait tout à fait remarquable pour un fruit. L'**alberge** est une autre variété, à chair blanche et aigrelette, qui adhère également au noyau. En général, les chairs blanches sont plus parfumées et plus sucrées que les pulpes

* *Ou* Prunus persica.

Pêche

jaunes, plus fermes, mais qui se prêtent mieux à la cuisson et aux conserves. La **nectarine,** malgré sa peau lisse et brillante, est bien une pêche également; sa chair n'adhère pas au noyau; attention donc à ne pas la confondre avec le **brugnon,** lui aussi à peau lisse, mais à noyau adhérent — ce dernier est un hybride de pêche. Cela dit, brugnons et nectarines sont très proches de la pêche et s'en distinguent surtout par leur peau lisse. Ils sont parfois plus sucrés.

Le pêcher se greffe fréquemment sur l'amandier ou sur le prunier et les arboriculteurs cherchent sans cesse à améliorer les variétés produites. Elles ont vraisemblablement bien changé depuis que les Romains ont apporté le premier pêcher en Europe. Son origine? L'Éthiopie, la Perse, à moins que ce ne soit la Chine du Nord? En effet, on trouve encore des pêchers à l'état sauvage dans ces régions. C'est grâce à Alexandre le Grand que l'arbre fut introduit dans le monde gréco-romain. Les Espagnols passèrent le relais à l'Amérique au XVIe siècle. Au XIXe, les cultures de pêches gagnèrent l'Australie. En Afrique, elles datent du début du XXe siècle.

Mais quel est donc ce fruit qui étend sa renommée à travers le monde? La pêche, vermifuge, laxative, diurétique, dépurative est très digeste pour les estomacs fatigués. Aucune contre-indication à une cure de pêches (1 à 2 kg par repas à l'exclusion de toute autre nourriture), sauf peut-être sa richesse en glucides pour les diabétiques et les obèses : 55 calories pour 100 g et 12 % de sucre; c'est un bon moyen de vaincre la constipation et de profiter pleinement des propriétés

Brugnon

de la pêche. Mais attention ! trop verts comme trop mûrs, ces fruits peuvent provoquer des diarrhées : choisissez-les à point. Ils contiennent un acide équivalant à l'acide citrique du citron : aussi possèdent-ils un fort pouvoir dissolvant et permettraient-ils à l'organisme d'éliminer toutes les toxines : urée, calculs, acide urique dans les articulations, résidus protéiniques, albumine... Ils ont d'heureux effets sur le foie et les reins, et sont également recommandés aux malades du cœur. Soufre, phosphore, potassium, sodium, calcium, chlore, fer, zinc, manganèse, bore et vitamines A, B et C (de 5 à 9 mg/100 g), voilà tout ce que vous trouverez dans leur exquise pulpe juteuse. Ses propriétés expliquent pourquoi les Chinois ont fait de la pêche un de leurs symboles de l'immortalité..

Ne consommez pas l'amande contenue dans le noyau : elle contient de l'acide cyanhydrique, qui est un poison. Mais, réduite en pâte ou encore en huile, elle calmerait maux de tête, brûlures, hémorroïdes et douleurs d'oreilles. Fleurs et feuilles permettent de préparer des tisanes : diurétiques, et purgatives pour les feuilles; laxatives, sédatives et antispasmodiques pour les fleurs.

Malheureusement, le pêcher lui-même ne bat pas des records de longévité : 15 ans d'espérance de vie lui sont donnés environ.

PHŒNIX DACTYLIFERA

Palmiers

Datte

Angl. : Date.
Esp. : Datil.

Les récits relatifs aux légendaires Bédouins du désert nord-africain et à leurs caravanes en marche à travers le sable et la sécheresse rappellent à l'ethnologue amateur que ces populations trouvent dans la datte la base de leur alimentation. Le dattier, en effet, est l'arbre par excellence des oasis nord-africaines, zones chaudes et sèches, mais irriguées. Il s'y élève bien haut pour annoncer au voyageur la proximité de la halte, lui promettant une ombre bien fraîche.

Ce palmier croît par prolifération d'un bourgeon terminal, tandis que les feuilles les plus anciennes se dessèchent. Bien qu'on ne l'ait jamais trouvé à l'état spontané, on le croit originaire d'Arabie. À l'époque où le Sahara n'était pas un désert, on l'y cultivait déjà; n'oublions pas que les dattiers ayant des sexes séparés, l'homme doit effectuer artificiellement la pollinisation en cueillant l'inflorescence mâle que l'on secoue au-dessus de l'inflorescence femelle. Il se serait propagé à l'est vers l'Inde et à l'ouest jusqu'en Égypte et en Afrique du Nord grâce aux Phéniciens; on le vit atteindre le Sénégal, puis s'introduire en Europe.

Toutefois, il fructifie mal le long des côtes septentrionales de la Méditerranée. De même, il obtient peu de succès en Amérique : au Brésil, en Floride et sur le littoral mexicain, l'arbre est moins prisé pour ses fruits, peu propres à la consommation, que pour son panache ornemental; il réussirait néanmoins bien en Californie, dans l'Arizona et au Texas où il a été introduit il y a une dizaine d'années.

Dattier *Ph. © Rouan-Jacana*

Datte Ph. © Fiore-Jacana

Si le dattier exige beaucoup d'eau et une température moyenne, la maturation des fruits a besoin d'eau en quantité très modérée mais de chaleur sans compter. L'irrigation des zones sèches s'avère la solution idéale qui a permis de développer cette culture au XIXe siècle.

Un beau dattier comme ceux d'Afrique du Nord peut fournir 100 à 120 kg de dattes par an, et cela pendant un siècle. Il existerait, selon la F.A.O., environ 100 millions de dattiers dans le monde, principalement en Afrique du Nord, où la qualité des fruits est la meilleure, et au Moyen-Orient. 20 % seulement de la production totale sont commercialisés, la consommation locale restant très importante.

Les populations riveraines du Sahara voient dans le dattier une source de vie inestimable; tout comme les Sémites de l'Antiquité qui le considéraient comme sacré. Autrefois, le dattier fournissait plus qu'un aliment : il faisait don de son bois dur incorruptible, de ses fibres pour l'habillement et les cordages...

Aujourd'hui, on continue à manger des dattes soit fraîches, soit « sèches » (celles-ci ne sont pas séchées mais stérilisées)... On trouve la pulpe desséchée sous forme de farine que l'on utilise dans la confection de gâteaux.

La valeur énergétique de ce fruit est considérable : 70 % d'hydrates de carbone se dissimulent dans la pulpe translucide et charnue, sous une mince peau brune, membraneuse et lisse qui ne se ride que lorsque le fruit commence à sécher, devenant alors de plus en plus sucré. Cette pulpe contient également de bonnes doses de potassium, de calcium, de phosphore (50 mg/100 g) et de fer; sa teneur en vitamines est en revanche assez faible.

La datte est connue comme un fruit pectoral, et une décoction de fruits mûrs (40 g pour 1/3 litre d'eau) est indiquée en cas d'asthme, de mal de gorge, de catharre; c'est un bon expectorant.

Selon les variétés, la datte sera plus ou moins allongée (de 2 à 6 cm de long), plus ou moins cylindrique et plus ou moins arrondie à ses extrémités. Déjà les Romains en distinguaient plusieurs sortes. Vous pouvez d'abord deviner leur provenance à l'aspect et au goûter; les dattes d'Égypte par exemple sont les plus grosses, les plus brunes et les plus sucrées, tandis que celles de Tunisie comptent parmi les petites variétés.

Plus exactement, on distingue : l'**Amhrit** d'Égypte, longue datte rougeâtre, grossièrement ridée; l'**Asharasi** d'Irak, datte courte et jaune paille dont la chair est plus ferme; l'**Halawi** sucrée, la plus couramment commercialisée; la **Deglet en nour** très fondante, venue bien souvent d'Algérie; et enfin la **Khaleseh**, dont la pulpe rouge ambré présente l'avantage d'être exempte de toute fibre.

Si les fruits mûrs sont mous, certaines variétés pâtissant d'une insuffisance de sucres restent dures à maturité. Dernière « anormalité » possible : il arrive, très rarement certes, qu'on ne trouve pas ce long noyau très dur dont seul l'emplacement est marqué par un sillon au centre de la datte.. Notons au passage qu'on l'appelle à tort « noyau », puisqu'il s'agit tout simplement de la graine de la baie.

Les fruits de qualité inférieure sont donnés au bétail, mais une bonne datte fraîche qui n'a encore subi aucune fermentation est absolument inoubliable pour son goût de miel. Les Arabes ont l'habitude de manger les dattes avec du lait pour en faire un repas équilibré. Ils les pressent en forme de pain et les caravanes s'en approvisionnent — s'en approvisionnaient, devrait-on dire, étant donné la raréfaction des traversées du désert.

Le vin de palme est une boisson alcoolisée très répandue en Afrique du Nord, où on l'appelle le « lagmi »; elle n'est pas obtenue à partir des fruits mais d'un liquide sucré qui s'écoule des feuilles supérieures que l'on incise à cet effet.

PHYLLANTHUS ACIDUS

Euphorbiacées

Groseille-Étoile

Fr. : Groseille de Cythère, Cermai.
Angl. : Star Gooseberry, Otaheite Gooseberry.
Esp. : Grosella.

C'est vraisemblablement l'acidité de ce petit fruit (1 cm de diamètre) qui lui vaut un rapprochement avec les groseilles; et les côtes apparaissant en surface dessinent une forme en étoile.

Phyllanthus acidus, appelé **cerisier de Tahiti** ou **cherimbélier,** est natif d'Asie méridionale et de Polynésie. C'est en 1793 qu'il atteignit le continent américain, par les Antilles. Aujourd'hui, on le trouve jusque dans les Andes. Et l'année durant, c'est en étonnantes quantités que les fruits sont généralement disponibles tant les arbres sont productifs. Des grappes innombrables pendent des branches tout comme du tronc, auxquels elles se rattachent par une queue fine.

Le fruit mûr est d'un jaune verdâtre très pâle, et il conserve un certain temps son croquant ainsi que

Groseille-étoile

son goût aigrelet. Juteux, il est agréable cru, mais son acidité se prête bien aussi aux pickles. Une cuisson prolongée avec du sucre pour en faire de la confiture soulève la curiosité, car le fruit tourne alors au rouge rubis. Les minuscules graines ne sont d'aucune gêne à la consommation de cette fausse « groseille ».

PHYSALIS PERUVIANA

Solanacées

Alkékenge

Fr. : Groseille du Cap, Amour en cage, Baguenaude.
Angl. : Cape Gooseberry.
Esp. : Uvilla.

Vous connaissez vraisemblablement cette plante : elle pousse sous tous les climats, à l'état sauvage ou cultivé; on la trouve sur des terrains calcaires, dans les champs à l'ombre de haies, ne dépassant pas 50 cm de haut.

L'origine en est controversée : Japon ou Amérique du Sud ? Elle fut introduite en Europe aux environs de 1800, époque à laquelle son fruit était déjà l'un des plus cultivés dans la région du cap de Bonne-Espérance en Afrique d'où l'un de ses noms vulgaires, « groseille du Cap ». Chez nous, on l'utilise généralement à des fins ornementales dans les jardins, pour ses fleurs blanches et comme fleur séchée sous le nom de « lanterne » à cause de son joli calice orange, renflé en vessie, qui renferme la baie.

Le fruit se trouve donc enfermé

dans un « sac », qui est le calice de la fleur. Celui-ci, d'abord petit et vert, gonfle comme un ballon, devient orange à la maturité du fruit, et fin comme du papier. Le nom scientifique fait allusion à cette particularité du calice, puisque le grec *physao* signifie « gonfler ». Ce calice renferme une matière colorante jaune qui l'a fait employer autrefois pour colorer le beurre.

Le fruit, quant à lui, est une petite baie jaune-vert ou rouge vif, au goût acidulé, dont on dit qu'elle est diurétique, laxative et vitaminée. La peau en est légèrement amère et l'on recommande de la retirer avant de faire cuire la pulpe au sirop, ou de la manger crue.

Il y a en fait trois principales espèces du genre *Physalis,* ce qui entraîne certaines confusions : *P. ixocarpa (jamberberry)* est la plus grosse avec un fruit jaune pâle de 2,5 cm qui adhère à l'enveloppe; *P. peruviana,* la groseille du Cap proprement dite, est un fruit de la taille d'une cerise, plus doux et plus vitaminé; quant à *P. pruinosa,* c'est l'espèce au plus petit fruit *(ground cherry).*

PINUS X

Conifères

Pignon

Angl. : Pinenut.
Esp. : Piñón.

Chez nous, le pignon désigne la graine du pin parasol ou pin-pignon , fort répandu en climat méditerranéen. C'est d'ailleurs du provençal *pinhon,* signifiant « cône de

Alkékenge

pin », que ce nom provient. Il existe cependant d'autres espèces de pins qui donnent des graines comestibles fort semblables; on en trouve notamment certaines dans le Sud-Ouest américain et au Mexique. Le pignon dit « chinois », lui, se reconnaît à une forme plus régulière, plus triangulaire, moins allongée.

De goût agréable et doux, le pignon sert en pâtisserie et en cuisine, bien souvent pour les salades ou dans les pâtés.

PISTACIA VERA

Anacardiacées

Pistache

Angl.: Pistachio.
Esp.: Pistacho, Alfoncigo.

La pistache a ses adeptes et ses détracteurs, mais laisse rarement indifférent. Son petit goût de térébenthine s'associe à la douce couleur verte que l'on apprend à reconnaître, tout particulièrement chez les glaciers, lesquels d'ailleurs renforcent artificiellement la couleur de leur glace.

Le fruit du pistachier est une drupe sèche, rougeâtre, de la forme d'une olive, et dont le noyau renferme une seule graine. C'est celle-ci, et non le fruit lui-même, que l'on dénomme pistache. Elle est recouverte également d'une pellicule rougeâtre, et ce n'est qu'une fois mis à jour l'embyron charnu, huileux et parfumé, que se dévoile à nos yeux cette belle couleur subtile qu'est le vert pistache.

Cette graine fournit une huile comestible, mais se conservant mal. On s'en servait autrefois pour confectionner des sirops adoucissants pour la bronchite.

La gastronomie orientale et indienne recourt largement aux pistaches, alors qu'en Europe on en cantonne l'utilisation à la confiserie, à la pâtisserie et, à peine, à la charcuterie.

L'origine du pistachier franc *(Pistacia vera)* est d'ailleurs orientale et se trouve en Syrie; il fut ensuite cultivé dans tout le Bassin méditerranéen. On connaît une vingtaine d'espèces de pistachiers. Le **térébinthe** *(Pistacia terebinthus),* qui est d'origine méditerranéenne, fournit une résine semi-liquide appelée térébenthine de Chio; le **len-**

Pistache

tisque *(Pistacia lentiscus)* en fournit une autre (mastic de Chio ou manne du Levant), utilisée jadis pour fortifier les gencives et blanchir les dents. Le pistachier franc est cultivé pour l'amande de son fruit; il est parfois greffé sur les pistachiers térébinthe ou lentisque.

Certaines variétés fourniront des amandes assez grosses et plutôt jaunes; d'autres, de petites « pistaches » vertes et très parfumées (Tunisie). Les plus vertes et les plus grosses à la fois sont les meilleures et viennent notamment de Syrie.

Si vous avez affaire à des pistaches fraîches non décortiquées, sachez que, la coque une fois écartée, la peau du noyau se détachera facilement, comme pour les amandes, en les plongeant une minute dans l'eau bouillante.

POUTERIA CAINITO*

Sapotacées

Abi, Abiu

Esp. : Caimo, Caimito (Pérou).

Voici un des meilleurs fruits que fournit la famille des Sapotacées. Si, encore vert, il exsude un latex qui colle aux lèvres, mûr, il doit vous offrir une chair sucrée comme celle de la sapotille, tendre, fine et mucilagineuse qui plus est. Pourtant, certains pourraient être déçus par des fruits insipides et plus compacts : on constate en effet de grandes différences entre les variétés.

L'arbre, il est vrai, pousse souvent à l'état naturel, comme au pied des Andes péruviennes qui en sont le berceau. On le trouve aussi au Brésil dans le Pará, sa terre d'accueil par excellence en raison de son climat tropical et humide. Mais peut-être le connaissez-vous sous un autre nom : en anglais on le dénomme *saffron-tree*.

Quant au fruit, sa fiche signalétique mentionne une peau jaune, une silhouette oblongue de 5 à 10 cm et une chair translucide sous une peau rougeâtre.

* *Ne pas confondre avec le « caimite » (voir ce fruit, p. 67).*

PRUNUS AMYGDALUS

Rosacées

Amande

Angl. : Almond.
Esp. : Almendra.

Contrairement aux apparences, l'amande est très proche de la pêche. La petite amande sur l'arbre ressemble certes à une pêche verte, mais lorsqu'elle est sur le point de mûrir, la partie charnue qui est si juteuse dans la pêche est là mince, dure et sèche, et elle éclate à maturité. Pourtant, l'amande est comparable à la pêche lorsqu'elle est dans son abri vert et duveteux, et dans sa coque ligneuse elle correspond à un noyau de pêche dont on mangerait l'amande. On la croit originaire d'Asie centrale, mais tous les pays méditerranéens la connaissent depuis des temps immémoriaux : l'a-

Amande

mandier est déjà mentionné dans l'Ancien Testament.

Aujourd'hui, vous en avez peut-être un dans votre jardin... Presque toutes les variétés étant auto-stériles, il est donc possible qu'après la floraison il ne donne pas de fruits : en effet, il lui faut recevoir le pollen d'un deuxième arbre. Les méthodes de culture actuelles permettent d'effectuer cette pollinisation de façon systématique. On réalise également des greffes, sur pêcher entre autres.

La récolte se fait lorsque le péricarpe devenu sec s'entrouvre pour laisser échapper la graine. Celle-ci conserve ses qualités pendant près d'un an, après quoi l'huile qu'elle contient s'oxyde et lui donne un goût rance.

Des deux sortes d'amandes qui existent, une seule est comestible. Dans l'amande amère, la présence d'amygdaline la rend impropre à la consommation; conjuguée à l'émulsine contenue dans toutes les amandes, elle donne par fermentation un acide dangereux, un poison, l'acide cyanhydrique. Pour la même raison, il ne faut pas manger les amandes contenues dans les noyaux de pêches et d'abricots.

En revanche, l'amande comestible est excellente, et possède même une coque moins dure que celle de l'amande amère. C'est un fruit très nutritif, riche en matières grasses (54 %), en sels minéraux et en vitamines (A et B). Il est bon pour l'équilibre nerveux, et c'est également un antiseptique intestinal. L'orgeat, qui est un sirop préparé avec une émulsion d'amandes, est recommandé en cas de spasmes de l'estomac, d'inflammation des intestins et des voies urinaires; on dit aussi qu'il stimulerait la lactation. Quant à l'huile extraite de cette amande comestible, connue sous le nom d'huile d'amande douce, elle entre dans la fabrication de nombreux produits cosmétiques.

PRUNUS ARMENIACA

Rosacées

Abricot

Angl. : Apricot.
Esp. : Albaricoque, Chabacano, Damasquino.

C'est un fruit bien connu de nos jours en Europe méridionale et en Amérique, dans les zones tempérées chaudes qui lui conviennent; en effet, l'abricotier est un arbre exigeant quant à la température, et sa floraison hâtive lui fait redouter les gelées printanières.

Pline parle de la culture de l'abricot; réputé pour sa précocité, il avait d'ailleurs été dénommé par les Latins *Præcocium*. Il est certain qu'on l'a cultivé dès la plus haute Antiquité : des recherches ont montré que la Chine le connaît depuis 4000 ans; on l'y retrouve d'ailleurs à l'état spontané; c'est de là, à n'en pas douter, qu'il est originaire et non d'Arménie comme croyaient ceux qui l'ont baptisé.

De nos jours, on le cultive en le

Abricot Ph. Ruth Ballangé

greffant sur des pêchers, des amandiers ou des pruniers afin de l'adapter au mieux aux contraintes du climat et du sol. Bien soigné, l'abricotier, petit arbre de 4 à 7 m, peut atteindre ses 90 ans et fournir ses 120 kg de fruits les bonnes années.

À maturité, le fruit devient jaune et il rougit même sur sa face exposée au soleil. On peut alors le partager suivant le sillon qui le marque latéralement. Le noyau s'enlève facilement, la chair est tendre et sucrée. Notez que le noyau contient les mêmes substances toxiques que l'amande amère.

La pulpe renferme des sels minéraux, des vitamines, des sucres (12 %), de l'eau physiologique en abondance. Ce qui la caractérise, c'est son extraordinaire richesse en vitamine A : 100 g d'abricots fournissent 45 % de la ration quotidienne nécessaire. Les vitamines C (10 mg/100 g) et B1 sont également représentées. En outre il s'agit d'un fruit dont la richesse en fer mérite d'être citée : 0,4 mg/100 g, soit 2 % de la ration quotidienne. Cela fait de l'abricot un régénérateur des tissus, un agent de longévité de la vie des cellules, et un soutien précieux en cas d'anémie. Sous forme de fruit sec, il est particulièrement nutritif, mais il s'avère légèrement laxatif consommé en excès.

PRUNUS CERASUS

Rosacées

Cerise

Angl. : Cherry.
Esp. : Cereza.

Les cerises sont parmi les premiers fruits printaniers. Les cerisiers en fleur font d'ailleurs le charme de bien des printemps : quelques clichés pris à travers le monde, à Washington sur fond de Maison-Blanche ou au Japon devant un volcan enneigé, attestent une floraison splendide, annonciatrice des beaux jours.

Réservées à l'hémisphère boréal dans ses zones tempérées, les diverses espèces de cerisiers sont une vingtaine, incluant elles-mêmes une multitude de variétés. C'est à partir du XVIe siècle que leur nombre s'est multiplié. Toutefois, la culture de ce fruit existait avant l'ère chrétienne. Aujourd'hui on en dénombre environ 600 variétés.

Parmi les arbres fruitiers, les cerisiers se rattachent à deux espèces, le **merisier** *(Prunus avium)* et le **griottier** *(Prunus cerasus).*

Le premier est un cerisier sauvage qui croît spontanément dans les bois et les taillis d'Europe; son fruit, la **merise**, noire, surette et peu charnue, sert à la préparation d'eaux-de-vie et de liqueurs. Les variétés cultivées pour la table descendent toutes d'un cerisier sauvage originaire de Perse et d'Arménie. Elles donnent des cerises très douces (15 % de sucre), à chair ferme, connues sous le nom de **bigarreaux** pour les unes et de **guignes** pour les autres, les premières à chair ferme et croquante, très pâle, les secondes charnues, tendres et très foncées.

Le Griottier donne les **griottes** acides, réservées à la cuisson. Toutes les autres cerises à cuire (il y en a 300 variétés) dérivent du griottier qui pousse à l'état sauvage en

Cerise

Grèce et en Italie. Les fruits, âcres, acides, ont une chair semi-translucide et une peau rouge foncé. Ce sont les **amarelles** et les **marasques amères** dont on fait le marasquin et le ratafia.

Le **cerisier commun**, quant a lui, est originaire d'Asie Mineure. Ses fruits à queue courte sont rouge vif, ils ont une saveur assez acidulée (6 à 10 % de sucre) et une chair molle très juteuse. De son écorce coule une gomme jaune rougeâtre analogue à la gomme arabique, mais qui a l'inconvénient de gonfler dans l'eau au lieu de se dissoudre.

Du point de vue de la santé, on connaît les effets diurétiques de la tisane de queues de cerises qui présente l'avantage d'aider les malades souffrant de diabète ou de jaunisse à éliminer l'oxalate de calcium qui surcharge leur organisme. De nombreux sels minéraux sont présents dans la cerise, le potassium tout particulièrement, ainsi que certains oligo-éléments comme le cobalt. Certaines analyses auraient montré que les cerises contiennent en outre une substance facilitant l'élimination de l'acide urique par l'organisme.

Les diabétiques tolèrent généralement bien la lévulose, sucre contenu dans les cerises. Les personnes sujettes à la constipation pourront prendre des cerises sans risque de s'irriter les intestins. Enfin, le jus de cerise est excellent pour tous les drainages de l'appareil urinaire.

Sur le plan gustatif, il faut signaler que la cerise se prête non seulement à de nombreux desserts mais aussi à des recettes salées, comme la soupe chaude aux cerises, venue de Bulgarie.

PRUNUS DOMESTICA

Rosacées

Prune

Angl. : Plum.
Esp. : Ciruela.

La prune !? Le pluriel conviendrait mieux à ce fruit dont les formes cultivées sont au nombre de plusieurs centaines. Elles sont elles-mêmes issues de cinq ou six espèces aux origines variées : américaines, asiatiques et européennes. On ne peut donc dire précisément d'où vient la prune puisque ces trois continents possédaient originellement leur prune « locale ».

De cette diversité témoignent couleurs et formes : les prunes seront jaunes, vertes, rouges, violettes ou noires, longues et ovales ou simplement sphériques; leur chair, moelleuse ou ferme, indiquera l'usage adéquat du fruit.

Les prunes d'origine asiatique *(Prunus salicina)* sont globalement moins bonnes que celles d'Europe. Leur atout est néanmoins d'importance : elles se conservent plus longtemps.

Parmi les variétés populaires chez nous, la **reine-claude** est une des plus anciennes. On dit que son nom lui vient de la reine Claude, femme de François Ier. Les Anglais l'appellent *[green]gage* en souvenir de William Gage qui l'importa de France en Grande-Bretagne en 1725. Cette fameuse « reine-claude », prune ronde jaune-vert, était de petite taille à l'origine. C'était dommage pour un si bon fruit... Aussi des hybrides ont-ils été développés qui permettent aujourd'hui d'obtenir des spécimens plus gros et tout aussi parfumés. Malgré son noyau qui adhère un peu à la chair, elle reste la prune favorite des amateurs de fruits frais, car son arôme et sa chair juteuse sont uniques. Elle se prête bien également aux compotes, confitures et autres conserves... Pour démentir ceux qui soutiennent que la reine-claude est toujours vert-jaune, à peine mordorée, parfois couverte de taches de rousseur et d'une légère pruine, sachez qu'une variété « transparente » laisse deviner son noyau... et que la couleur de la « reine-claude violette » est à la hauteur de son nom. Elle se distingue à coup sûr des autres prunes par son noyau rond et non pas ovale.

La douce **mirabelle** *(Prunus insititia)* est native d'Europe. Elle est surtout populaire en France et en Allemagne; les Britanniques, en revanche, la connaissent peu. Ce petit fruit doré a la taille d'une bille. Son arôme soutenu convient à merveille aux tartes, aux conserves et à l'eau-de-vie du même nom. Crue et mûre à point, elle fond dans la bouche.

La prune **Victoria** est un fruit oblong, juteux et sucré, qui sera soit jaune, soit rouge. Elle est bonne pour le dessert et la cuisson.

La **prune de Damas** et la prune de Damson (sous-variété plus grosse),

Prune

elles, sont trop acides pour être mangées crues; on en fait des confitures. Ce sont des prunes à la peau bleu foncée et à la chair verdâtre.

Quant à l'oblongue **quetsche** violette *(Carlsbad plum),* elle ne dévoile sa saveur qu'une fois cuite. On en fait également une eau-de-vie. Crue, c'est un fruit à la pulpe jaune assez douce, mais ferme et presque un peu sèche parfois. Attention, en Suisse on l'appelle « pruneau » ! Alors qu'un pruneau est un fruit sec qui peut être obtenu à partir de n'importe quelle variété de prune qui ne s'abîme pas au séchage. Avec sa peau fine et sa chair ferme et sucrée, **la prune d'Agen** s'y prête si bien qu'on la cultive en France dans ce seul but.

La réputation des propriétés laxatives des pruneaux trempés et pris à jeun n'est plus à faire; en outre, comme tous les fruits secs, ils sont fort nutritifs. D'ailleurs, la prune fraîche est elle-même, toute proportion gardée, un bon aliment énergétique grâce à ses sucres (de 3 à 8 %). C'est aussi un régénérateur des cellules nerveuses grâce à son phosphore et à son magnésium. Buvez son jus à titre de léger laxatif et diurétique.

PRUNUS SALICIFOLIA

Rosacées

Capulin

Angl. : Wild Cherry.
Esp. : Capulí, Cereza de los Andes.

Les petites boules rouge sombre

Capulin

du *Prunus salicifolia* envahissent soudain les marchés d'Équateur en janvier; on les vend à tous les coins de rue et les gens semblent s'en délecter. Ces fruits à l'allure de cerise et dont la peau fine et résistante abrite une chair vert pâle et juteuse rappellent plutôt la prune. Il y a peu à déguster autour du noyau quand on goûte un si petit fruit (1,5 à 2 cm); une saveur acidulée transparaît, qui provient de la peau, la chair étant plutôt sucrée.

L'arbre est une sorte de cerisier d'environ 15 m de haut. Il pousse de l'Amérique centrale jusqu'aux pays plus méridionaux : Équateur, Pérou, Colombie. Les fruits sont réunis par grappes de 18 à 20; seule la moitié d'entre eux arrive à maturité, le reste tombe avant. Les feuilles étaient utilisées autrefois à Quito dans les traitements contre le paludisme..

Au cours de vos voyages sud-américains, méfiez-vous des dénominations propres à chaque pays. Au Pérou, *capulí* désigne le fruit d'une plante solanacée, pareil au raisin, aigre-doux, et que l'on emploie comme condiment : le « cimarrón ». Notez aussi l'existence d'un autre fruit appelé *capuli,* de la famille des Myrsinacées, *Ardisia longistaminea;* ce genre englobe un grand nombre d'espèces qui vivent dans les régions chaudes de Colombie. Enfin, à Cuba, le nom de *capulí* est attribué à un autre fruit, rouge ou jaune, venant sur un arbre au bois très dur (*Mutingia calabura*), appartenant à une autre famille.

PSIDIUM CATTLEYANUM

Myrtacées

Goyave de Cattley

Fr. : Goyave - Fraise, Goyave rouge ou de Chine.
Angl. : Cattley Guava.
Esp. : Guayaba peruana, Araca de Praia.

Si un jour votre palais détecte un goût de fraise à la dégustation d'un petit fruit rond (de 2 à 4 cm), à la peau fine et rouge, à la pulpe rouge ou blanche, charnue, mais molle, contenant beaucoup de graines... alors, c'est sans doute une goyave de Chine.

N'ajoutez pas foi à cette origine. Ce sont les Brésiliens qui l'ont introduite en Asie, à Macao, et c'est du Brésil, son pays d'origine, qu'elle s'est diffusée dans d'autres pays subtropicaux et tropicaux, y faisant preuve d'encore moins d'exigences que la goyave commune. Sa culture demeure familiale, très limitée géographiquement à certaines zones et à certaines altitudes. C'est en tout cas un fruit subtropical et non pas uniquement tropical comme la goyave. Néanmoins, les usages en sont similaires.

Notez l'existence d'une variété jaune, et d'une autre, récemment introduite, qui donne des fruits plus gros.

PSIDIUM GUAYAVA

Myrtacées

Goyave

Angl. : Guava.
Esp. : Guayaba.

Goyave blanche

Goyave

La goyave semble produite avec une extraordinaire abondance dans certains pays. C'est que son arbuste ne demande rien de plus qu'un peu de chaleur; le sol sablonneux ne le rebute pas, il n'exige aucun soin et même parfois pousse là où on ne l'a jamais planté ! Il suffit qu'un animal ou un être humain soit passé par là : les graines restent intactes dans ses intestins.

La culture à des fins commerciales s'est cependant amplifiée pour répondre à la demande des industries fabriquant pâtes de fruit, confitures, gelées et conserves au sirop.

La goyave a généralement une saveur douce, musquée, et très aromatique; cela n'est pas pour étonner lorsqu'on sait qu'elle appartient à la famille de la cannelle, du clou de girofle et de la noix de muscade.

Originaire d'Amérique centrale ou du Brésil, le goyavier a été adopté dans toute la zone intertropicale, sous une variété ou une autre : on en dénombre plus de cent espèces, toutes comestibles. Car si les pépins sont la promesse facile de nouveaux arbres, ils le sont aussi de variétés nouvelles et imprévisibles, dues aux facteurs héréditaires latents qui peuvent se manifester. On comprend que la propagation agame, par greffes ou par stolons, soit préférée pour assurer certaines caractéristiques des fruits produits.

Les deux types de goyaves les plus courants sont *Psidium pomiferum* et *Psidium pyriferum,* respectivement en forme de pomme et de poire. *Psidium pomiferum* a une pulpe rose saumon et une odeur pénétrante de musc. La pulpe sucrée des goyaves en forme de poire, *Psidium pyriferum,* est rosée ou même jaune clair, parfois blanche; c'est la plus recherchée pour les confitures et les gelées.

Toujours est-il que formes, tailles et couleurs varient beaucoup. On connaît peu les goyaves à pulpe blanche (*P. guineense,* par exemple) ou rose-rouge *(P. aromaticum).* On trouve des variétés à peau rouge, violette, blanche, jaune et même verte, comme la **farang** de Thaïlande qui semble ne jamais mûrir. Il y a des goyaves de 3 cm de diamètre, d'autres du double, certaines ont une peau lisse, d'autres craquelée. La « Boulet de canon » se distingue par un anneau au tiers de sa hauteur. Ainsi à travers le monde toutes les goyaves ne se ressemblent pas !

Toutefois, sur toutes vous distinguerez à l'extrémité supérieure du fruit les lobes persistants du calice et, à l'intérieur, quatre loges où s'entassent d'innombrables petites graines, dures et réniformes. Elles occupent une bonne moitié du fruit et constituent une entrave certaine à la consommation. Les Aztèques appelaient d'ailleurs la goyave *Xalxocotl,* la « prune de sable », ce qu'explique fort bien la texture graveleuse du fruit. Des variétés sans graines ont néanmoins été obtenues, mais elles sont très rares.

Mûre, la goyave est laxative; encore verte, on y recourt pour ses propriétés astringentes, et donc en cas de diarrhée. Très riche en vitamine C, elle contient aussi du phosphore et des vitamines A et PP en proportions intéressantes. Sa teneur en sucre s'élève à 11 %.

Les amateurs de goyave pourront essayer sa très proche parente, la *jambolan.*

Goyave de Thaïlande

Grenadier

PUNICA GRANATA

Punicacées

Grenade

Angl. : Pomegranate.
Esp. : Granada.

Le grenadier est cultivé pour ses fruits depuis les temps les plus reculés. Dans l'Égypte ancienne, on sait par des témoignages que l'on enterrait ce fruit avec les morts, ou qu'on le représentait sur les murs des tombeaux. Les Hébreux, pour leur part, utilisaient la grenade comme motif d'ornementation en architecture; ce même motif décorait également le bas des robes du haut clergé. D'après certains historiens d'art, la grenade serait un motif d'origine phénicienne, chargé d'un sens symbolique : ainsi, pour les Hébreux, elle constituait l'emblème de la vie dont le renouvellement constant était symbolisé par ses innombrables graines. On retrouve encore ce motif fréquemment sur les monuments puniques; on sait enfin que les Assyriens (IXe-VIIe s. av. J.-C.) tenaient le fruit pour sacré.

C'est donc une origine très ancienne, et moyen-orientale, qu'il faut probablement attribuer au grenadier. Son habitat naturel se trouve sous les climats semi-arides. Des Balkans à l'Himalaya, il pousse à l'état sauvage; partout ailleurs, il est répandu sous forme cultivée, particulièrement dans les régions méditerranéennes et tempérées, voire tropicales — l'humidité, néanmoins, est fort préjudiciable à sa fructification. L'Amérique le connaît depuis l'arrivée des Espagnols, mais le fruit y est bien moins prisé qu'en Orient.

La grenade naît de grandes fleurs écarlates, s'épanouissant au milieu d'un beau et brillant feuillage. La couronne qui se forme au sommet du fruit, contracté en col, signale les restes du calice. La peau varie du jaune au rouge soutenu, et son parfait état est le garant d'une bonne conservation une fois le fruit cueilli. Sous cette épaisseur coriace se révèle un des signes distinctifs de la grenade : un intérieur divisé, dont les cloisons membraneuses séparent irrégulièrement des loges abritant chacune un grand nombre de graines oblongues, anguleuses mais tendres, serrées les unes contre les autres. En outre, on aura remarqué, sur l'extérieur, six côtés plus ou moins nets.

Ce fruit est littéralement unique en son genre, puisque l'espèce *granatum* est la seule représentante du genre *Punica*; elle comprend par ailleurs de nombreuses variétés.

C'est à la pulpe rosée et mucilagineuse qu'il faut goûter; chez les meilleures variétés, on découvrira une saveur sucrée et légèrement acidulée, très rafraîchissante, n'ayant aucune commune mesure avec l'acidité grinçante des variétés inférieures. La grenadine, sirop à base de jus de grenade de nos

Grenade

cafés, reste le témoignage malheureusement édulcoré de cette saveur si désaltérante que l'on trouve intacte dans le jus frais.

Le fruit frais est diurétique par son eau (79 %), astringent, reminéralisant (potassium, phosphore, chlore, soufre), doté de toutes les propriétés dépuratives que lui valent ses acides citrique et malique, et puissant par sa vitamine C. On cite tout particulièrement son utilisation médicinale contre les états inflammatoires (gorge, reins, appareils génito-urinaire, rhumatismes). On attribuerait également un pouvoir rajeunissant au jus de grenade appliqué en massage sur les peaux distendues.

L'écorce de la racine de grenadier s'utilisait en décoction comme ténifuge. Les fleurs fraîches en infusion sont astringentes lorsqu'elles sont employées sous forme de gargarismes.

Pour faire du jus de grenade, mettre pulpe et pépins dans un mixeur avec de l'eau. Mixer et passer !

Grenade

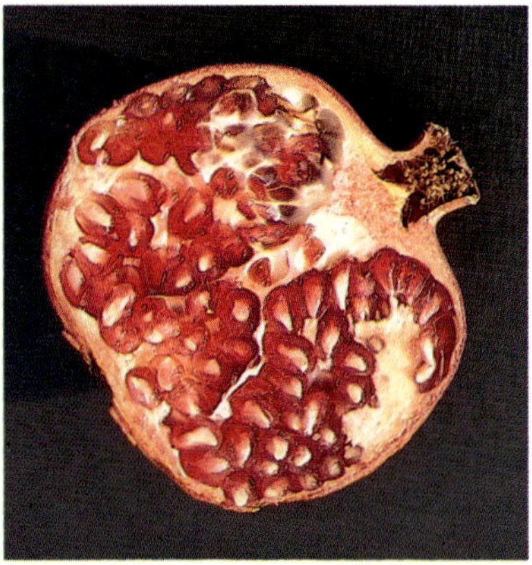

PYRUS COMMUNIS

Rosacées

Poire

Angl. : Pear.
Esp. : Pera.

La poire l'emporte sur la pomme quant au nombre de variétés et d'hybrides : 1 500 environ est le record à battre ! En fait, les meilleures espèces ont été mises au point il y a peu de temps : la Comice, par exemple, date de 1849.

L'histoire n'a pas encore révélé l'origine de *Pyrus communis.* La Grèce d'Homère tout comme l'Empire romain ont chanté les louanges de la poire jusque dans leurs poésies; les empereurs encourageaient les croisements et un commerce déjà fort lucratif battait son plein. Depuis, les habitudes alimentaires ont toujours fait honneur à la poire sous les latitudes tempérées, là où le poirier s'épanouit le mieux.

De nos jours, les variétés de poires peuvent être rangées en deux groupes principaux : celles d'origine européenne, dites également du type français, et les hybrides issues de croisements entre ces dernières et l'espèce orientale *(Pyrus sinensis)* cultivée en Chine et au Japon. Celle-ci, dite **poirier cirote** ou **poirier sauger**, porte des feuilles bien distinctes de celles du poirier commun. Les croisements ont pour but de profiter à la fois de la bien meilleure qualité des poires du type européen et de la plus grande tolérance en matière de sols de l'espèce orientale.

Poire rouge

Plus simplement, on distingue les variétés de table, les variétés plus fermes, qui sont à cuire, et les poires dites à cidre, utilisées pour la confection du poiré.

Chez nous des noms évoquent des formes et des goûts familiers, des saisons même. L'**Anjou** est une grande poire verte d'origine française qui fait son apparition en hiver; on la trouve jusqu'en mars-avril, car, entourée de soins adéquats, elle se garde bien; on la mange crue ou en desserts. La longue **Bosc** la précède, à la fin de l'automne, de sa silhouette longue et jaune, couverte de taches brunes. La grande **Comice** à la tendre peau jaune souffre facilement de meurtrissures. La **Beurré Hardy,** poire de bonne corpulence, arrive au printemps; elle se conserve bien et l'on en fait souvent des poires au sirop. La **Bartlett** est plus tardive et se prête à tous les usages. Des variétés du Sud, supportant la chaleur, sont la **Maxime** et la **Seckel,** dont le petit fruit gorgé de saveur ne répond malheureusement pas aux canons de la beauté nécessaire au commerce.

La **Baldwin,** ronde et dorée, et la ferme **Kieffer** d'automne, à la pulpe légèrement sablonneuse, comptent parmi les hybrides les plus connus. De nouvelles variétés semblent prometteuses, comme la résistante **El Dorado,** poire d'hiver comparable à la Bartlett; tout comme la **Packham's Triumph** d'ailleurs, dont la grossière peau jaune abrite une chair fine et juteuse offerte aux gourmets à la fin de l'été; elle se conserve réfrigérée 4 ou 5 mois.

On pourra aussi goûter aux espèces asiatiques. Il y a notamment la **pomme-poire japonaise,** dont les formes arrondies la font prendre pour une grosse pomme Golden jaune pâle. Elle mérite d'être signalée, car elle combine la chair croquante de la pomme et la chair juteuse de la poire; étonnamment, ce ne serait nullement un hybride de ces deux fruits mais une variété bien distincte.

Il y a aussi la poire **Nashi** de Nouvelle-Zélande, poire ferme, croquante, très sucrée et juteuse.

La poire n'est pas toujours d'une digestion facile, mais c'est un fruit précieux pour la santé. Regorgeant d'eau (85 %) et de sucre sous forme de lévulose, elle est aussi dotée d'une formidable diversité de vitamines (A, B, C) et de minéraux : sodium, calcium, magnésium, soufre, potassium, chlore, cuivre, fer, manganèse, iode, arsenic. Le tanin et les sels de potasse qu'elle contient dissolvent l'acide urique au fur à mesure qu'il se forme; les rhumatisants, les arthritiques et goutteux ne doivent donc pas oublier la poire.

Énergétique, le jus de poire purifie le sang, draine les reins, favorise les fonctions glandulaires internes, stimule les intestins et normalise la tension artérielle; précieux fruit, en effet, que la poire...

Poire japonaise

RIBES GROSSULARIA

Grossulariacées

Groseille à maquereau

Angl. : Gooseberry.
Esp. : Grosella espinosa.

Ribes grossularia est un groseillier épineux. La groseille à maquereau se distingue en outre de ses trois proches parentes du genre *Ribes* par la taille, plus conséquente que celle des groseilles ordinaires, et par le fait qu'elle ne vient pas par grappes. Ce fruit blanc, vert-jaune ou rouge-violet, est essentiellement employé dans une sauce accompagnant le maquereau, d'où son nom.

Son histoire peut faire sourire. Ce fruit, qui poussait à l'état sauvage en Europe centrale et méridionale ainsi qu'en Asie occidentale, s'est soudain trouvé voué à une popularité grandissante en Grande-Bretagne. Les Britanniques en démarrèrent la culture avec 13 variétés; en 1800, ils en comptaient 300, et plus tard jusqu'à plus de 1 000 ! On avait même créé des *gooseberry clubs* dont l'objectif était d'attribuer des prix aux variétés portant les fruits les plus gros ! Puis cet engouement s'est évanoui... et aujourd'hui quelques variétés seulement restent commercialisées.

Blanches, vertes, rouges, jaunes : les plus douces sont ces dernières. Mais pour porter un verdict définitif sur la couleur du fruit, il faut attendre la complète maturité; avant, elle est toujours susceptible de

Groseilles à maquereau

changer ! Selon les variétés, la peau sera lisse ou duveteuse. Pour la cuisson, il convient en fait de choisir les fruits qui ne sont pas arrivés à totale maturité.

RIBES NIGRUM

Grossulariacées

Cassis

Angl. : Blackcurrant.
Esp. : Grosella negra.

Le cassis est un très proche parent des groseilles rouges et blanches (voir ci-après); il provient lui-même d'une espèce de groseillier, *Ribes nigrum.* C'est au XVIIe siècle environ qu'on le mit en culture pour la première fois en Europe. Au cours des cinquante dernières années ont été introduites de nombreuses variétés. Mais ces améliorations passent vraisemblablement inaperçues, car bien souvent on achète ce fruit sous forme de sirop ou de confiture. En fait, il semble que son arôme piquant ne reçoive pas la faveur de celui qui le goûte cru.

Avant toute transformation, qu'elle soit industrielle ou artisanale, il faut procéder à une cueillette laborieuse, qui se complique encore lorsque ces petites baies noires qui viennent en grappes ont choisi de ne pas mûrir toutes au même moment... Néanmoins, le butin en vaut la peine. À chacun son appréciation du goût, certes, mais du point de vue alimentaire,

Cassis Ph. © Christian Errath-Jacana

c'est objectivement un petit trésor que l'on trouve dans les baies fraîchement cueillies.

Le cassis, ce que l'on sait rarement, compte parmi les fruits les plus riches en vitamine C (150 à 200 mg/100 g), et il est très bien pourvu en minéraux alcalisants, particulièrement en calcium, potassium et magnésium. Ce fruit est un fortifiant du système glandulaire et un stimulant du foie et de la rate. Recommandé en cas de problèmes gastro-intestinaux, il complète les sucs gastriques lorsqu'il est pris après les repas. Son jus entrera dans toute cure antirhumatismale et antigoutte. On le conseille contre les maux de gorge et gonflements d'amygdales. Apéritif, diurétique, dépuratif, digestif, le cassis est doté de propriétés dont ses cousines, les groseilles, ne sont pas démunies non plus.

RIBES RUBRUM

Grossulariacées

Groseille

Angl. : Redcurrant.
Esp. : Grosella roja.

Les groseilliers sont des arbrisseaux de un mètre, un mètre et demi, qui poussent à l'état sauvage dans les régions montagneuses et au nord de l'Europe. On a néanmoins adapté leur culture à des climats plus chauds comme ceux de l'Europe méridionale. Si l'on connaît en fait une cinquantaine d'espèces du même genre *Ribes,* le groseillier ne saurait être pour l'amateur de fruit qu'un seul arbre : celui qui donne ces baies rouges et bien acidulées qu'on égrène sur de frêles pédoncules et dont on fait tartes et gelées. La **groseille rouge,** la voilà nommée, est d'ailleurs si riche en pectine qu'on la fait entrer dans la confection des confitures de fraises. Selon les variétés, l'acidulé du fruit sera plus ou moins virulent : c'est le cas des espèces originaires des zones de montagne. On ne saurait en tout cas se plaindre de la saveur rafraîchissante de ce fruit, qui est bienvenue l'été.

La groseille est recommandée à peu près dans les mêmes cas que le cassis. Diurétique et bénéfique aux rhumatisants et arthritiques, elle réactive aussi le péristaltisme intestinal. Moins riche en vitamine C que le cassis, elle n'en est pas pour autant dépourvue : 40 mg/100 g.

Dans le genre *Ribes,* après le cassis et la groseille rouge, la **gro-**

Groseille

Cynorhodon Ph. © P. Pilloud-Jacana

seille blanche est la plus connue; elle n'est d'ailleurs qu'une variété de groseille rouge.

ROSA CANINA

Rosacées

Cynorhodon

Angl. : Dog Rose.
Esp. : Gavanza, Escaramujo.

Le cynorhodon, « fruit » de l'églantier, bien que jamais consommé cru et totalement absent des marchés, mérite d'être signalé pour sa très forte teneur en vitamine C : il en contient autant qu'un citron. C'est pourquoi il est consommé de nos jours sous forme de pastilles vitaminées.

Autrefois, la réputation de l'églantier provenait du pouvoir qu'on attribuait à sa racine de guérir la rage. D'où les noms de *dog-rose* et de *cynorhodon* qui, en grec, signifie également « rose de chien ».

Aujourd'hui, on fait connaissance avec le fruit dès l'enfance, car c'est lui qui fournit le poil à gratter. En fait, le cynorhodon est un faux fruit, le véritable produit de l'ovaire étant les grains durs nichés dans ce poil à gratter. Le « fruit » rouge à l'apparence de baie n'est en fait que le pédoncule de la fleur devenu charnu.

À la cueillette, il faut se méfier des grosses épines sur les tiges. Puis il faut écarter peaux, graines et poils en cuisant les fruits dans l'eau et en tamisant le tout.

Les Suédois confectionnent des soupes de cynorhodons. Les variétés sont en fait très nombreuses et le goût en est très variable; chez les meilleures, il est très parfumé.

RUBUS IDAEUS

Rosacées

Framboise

Angl. : Raspberry.
Esp. : Frambuesa.

À cette peau douce, légèrement duveteuse, à cette fragilité du fruit qui s'écrase au moindre contact, correspond une saveur subtile et inoubliable. L'arôme de ce fruit est tel qu'on en parfume du vinaigre. Si on le déguste plus souvent en glace, en confiture, en gelée, c'est que sa conservation est difficile; d'une part, la framboise est délicate, d'autre part, elle fermente rapidement.

Le framboisier est un buisson, une ronce en fait, améliorée par la culture. On le croit originaire d'Asie. Une variété distincte donne des fruits, ô combien rares !, qui ne sont pas rouges, mais blancs.

Bien que la saison des framboises fraîches soit assez courte, elle est impatiemment attendue. Ces fruits sont cultivés sur trois

Framboise

continents : l'Europe, l'Asie (nord) et l'Amérique (au Canada, il s'agit de *Rubus odoratus*).

Ils sont constitués d'un ensemble de drupéoles, rassemblés autour d'un réceptacle conique, blanchâtre ou jaunâtre; notre observation va rarement jusqu'à distinguer que chaque drupéole est doté d'un noyau strié renfermant une graine. Voilà où sont les semences de framboises, prêtes à donner une nouvelle plante aux fleurs blanches.

La framboise est un fruit très digeste, qu'on recommande dans les cas de troubles digestifs. Le sucre de la framboise est facilement assimilable. Comme la fraise, la framboise renferme un acide salicylique naturel qui joue un rôle précieux dans la lutte contre les intoxications endogènes (rhumatismes, goutte...). Riche en pectine, elle convient bien à la confection de gelées et de confitures. Son arôme permet d'obtenir un alcool blanc fort parfumé. Une des spécialités en Finlande est une liqueur confectionnée avec la *Messimaria*, espèce de framboise sauvage qui se distingue par l'intensité de sa saveur *(Rubus arcticus)*.

Fruit béni des dieux, la framboise conserve ses qualités quasiment intactes à travers l'épreuve généralement fatale de la congélation.

RUBUS X

Rosacées

Mûre sauvage

Fr. : Mûron.
Angl. : Blackberry.
Esp. : Mora.

La ronce donne des fruits pres-

Mure sauvage Ph. © Xavier-Jacana

que noirs appelés souvent « mûres » bien qu'ils soient très différents du fruit de mûrier (v. p. 128), et qu'on va cueillir en septembre. C'est une rosacée épineuse que l'on trouve le long des chemins, et, botaniquement parlant, une espèce très proche du framboisier qui n'est lui-même en fait qu'une ronce cultivée. Les **mûrons**, puisque tel est leur nom, sont des fruits riches en vitamines A et C (39 mg de vitamine C pour 100 g). Bien mûrs, ils seront légèrement laxatifs alors que les fruits verts, encore âpres au goût, sont astringents.

Nous devons à ce buisson, à cette ronce sauvage, l'apparition de nouveaux plants. En effet, il a permis d'obtenir par croisement avec le framboisier une variété donnant les **baies de logan** (*loganberry*) que l'on trouve généralement en compote ou en conserve; on les appelle aussi **ronces-framboises**. Elles sont plus acidulées que la framboise. Les Californiens, les Australiens, les Britanniques, les Danois et les Néerlandais en sont les principaux consommateurs. La sauce aux logans peut d'ailleurs remplacer celle aux canneberges. Ces baies et le plant grimpant qui les porte ont été baptisés du nom de J.H. Logan, qui les a obtenus en Californie à la fin du XIXe siècle.

Plus tard, un plant de logan croisé avec un *Rubus X* et un framboisier a fourni une variété la **mûre de Boysen**, que l'on cultive surtout aux États-Unis. Ses baies, plus grosses que les autres mûres, sont rouge foncé et allongées. Ce fruit a un parfum marqué qui permet de renforcer l'arôme de certaines confitures.

Pour les curieux, *Rubus chamaemorus* mérite d'être signalé pour son fruit orangé qui est très semblable aux mûres sauvages. On le trouve dans la toundra arctique, où il pousse spontanément.

SANDORICUM INDICUM

Méliacées

Santol

Fr. : Mangoustan sauvage.
Angl. : Sentul.

C'est une peau de velours que nous offre le santol. Ce fruit de la taille d'une pomme est de forme ronde, aplatie aux deux pôles; le fait qu'il ne porte pas de sépales au sommet le distingue du mabolo. Son tégument compact et épais est jaune ou rouge selon les cas. Il faut le fendre sur tout son pourtour pour l'ouvrir comme un écrin.

Et, alors que rien ne le laissait présager, on découvre une structure interne fort comparable à celle du mangoustan... d'où d'ailleurs la trompeuse appellation de « mangoustan sauvage ». Trompeuse, mais compréhensible : en effet, la boule blanc crème encastrée dans le tégument est nettement découpée en lobes inégaux, comme chez le mangoustan, et les plus gros quartiers abritent les gros noyaux (de 4 à 8) auxquels la pulpe cotonneuse adhère puissamment. Par bonheur, des variétés sans noyaux seraient maintenant obtenues aux Philippines, pays d'origine du fruit. Certaines sont acidulées (peau rouge), et d'autres plus sucrées (peau jaune), comme celles que s'efforcent d'obtenir les Asiatiques.

Santol

Les terres d'accueil du santol demeurent limitées : Philippines, Malaisie, Thaïlande, Hawaii l'ont adopté. Des récoltes très abondantes permettent une large commercialisation locale de ce fruit qui, par ailleurs, ne mérite pas une attention particulière. Citons une espèce très proche, le **Kecapi** (*S. kœtjape*).

Sucez ces quartiers de chair blanche ou servez-les bien glacés et arrosés d'un sirop de sucre.

SOLANUM QUITOENSIS

Solanacées

Naranrille

Fr. : Morelle de Quito.
Angl. : Naranrilla.
Esp. : Naranjilla (Équat.)

Si bien des fruits originaires d'Amérique se sont adaptés dans d'autres pays, il en est un que vous ne pourrez déguster qu'en Équateur et dans le sud de la Colombie : la *naranjilla.* Semblable à de nombreux fruits tropicaux qui déroutent par la quantité de petites graines qu'ils renferment et dont il faut se débarrasser pour obtenir des jus délectables, subtils et forts, la naranjilla (naranrille) ne laisse pas présager de sa rareté.

La dénomination, « petite orange », rappelle combien ce fruit ressemble à une mandarine à la peau très lisse..., lisse mais âpre comme la langue d'un chat. Et, ô surprise pour le néophyte ! la naranrille appartient à la même famille que les pommes de terre, tout comme d'ailleurs la tomate.

La plante dite *Solanum quitoensis* déploie des feuilles oblongues et ovales de 30-40 cm de large; elles sont vert foncé à l'endroit, vert clair à l'envers. Les fruits sont d'un orange resplendissant. Ils viennent à maturité entre 1 500 et 2 300 m, à des températures variant de 15° à 22°C, sur des terrains riches en matières organiques. Originaires de la Cordillère orientale équatorienne (leur nom scientifique en témoigne), très exactement de la vallée du fleuve Pastaza, ils ne peuvent pas renier leurs origines : en effet, ces fruits ne voient le jour nulle part ailleurs que sur les sols subtropicaux des contreforts orientaux des Andes qui dominent la forêt amazonienne. Plantez l'arbuste dans une zone au climat et au sol similaires : il poussera mais ne donnera jamais de fruits de façon normale.

Les variétés cultivées sont au nombre de deux, la variété commune, toute ronde, et une variété plus ovale, appelée **Lulo de Castilla;** elle est plus septentrionale, c'est-à-dire qu'elle se trouve plutôt en Colombie et au Venezuela.

Les fruits des deux sortes comportent un duvet semi-dur, semblable à de très fines épines qu'il faut enlever avec précaution, mais la seconde variété les porte défensivement, jusque sur le tronc, les branches et même les feuilles.

Attention ! un autre arbuste, *Cyphomandra naranjilla,* découvert en 1906 en Colombie, donne des fruits également nommés « naranjilla »; il ne se trouve que dans le « valle de Cauca » et appartient à la même grande famille des Solanacées. Sur les marchés d'Asie, vous rencontrerez aussi peut-être des miniatures de naranrille, de la taille d'une balle de ping-pong*. Ne vous réjouissez pas trop vite, car tant de graines s'entassent à l'intérieur que la pulpe semble ne pas trouver à s'y loger... Les usages locaux l'associent à des pâtes de poisson, pour des sauces.

* Solanum macranthum, *par exemple.*

Naranrille

La naranrille est riche en acide citrique. Son goût acidulé rend à merveille en jus et en glace. Attention encore : ce fruit voyage mal à cause de sa peau très fine et d'un rapide processus de maturation.

SPONDIAS CYTHEREA

Anacardiacées

Pomme-cythère

Fr. : Mombin de Malabar.
Angl. : Great Hogplum, Otaheite-Apple*, Ambarella.
Esp. Caja-manga.

Ce fruit aux noms multiples appartient à la même famille que les mangues... et il arrive même qu'on l'appelle *bad mango !*

À maturité, c'est un fruit orangé, caractérisé par cinq très légères dépressions longitudinales. En forme de gros œuf, il a de 5 à 10 cm de long. Il est très difficile de l'ouvrir en deux, car sa pâle chair fibreuse adhère puissamment au noyau. Pelez-le, puis goûtez-y : il rappelle la pêche, en moins juteux et en plus ferme... Certains sont assez sucrés, néanmoins plus ils sont mûrs, plus ces fruits sont fibreux.

Moins courante que le mombin jaune (voir ci-contre) la pomme-cythère, également appelée « mombin de Malabar », se rencontre dans de nombreux pays tropicaux, tels que la Malaisie et l'Indonésie (nom local : **Kedondonq**), le Brésil en Amérique. Mais c'est des îles du Pacifique qu'elle provient; elle aurait quitté la Polynésie pour la première fois en 1782 en direction de la Jamaïque...

* *À ne pas confondre avec l'ohia* (Eugenia malaccencis) *qui porte aussi ce nom.*

Pomme-Cythère

Mombin

SPONDIAS MOMBIN

Anacardiacées

Mombin

Angl. : Hogplum.
Esp. : Jobo.

Fruits de la chaleur, des côtes ou des vallées subtropicales, les mombins sont très répandus au Mexique, en Amérique centrale, aux Antilles, au Brésil et jusqu'au Pérou. Mais ces grands arbres qui les portent sont-ils originaires d'Amérique ou d'Afrique où ils sont courants également ?

Du même genre *Spondias* on compte une dizaine d'espèces qui vivent dans les régions tropicales et donnent des fruits comestibles. D'autres sont représentées par des arbres que l'on connaît surtout pour les opérations de reboisement des zones d'aridité menées dans certaines régions.

Les mombins sont des fruits de taille variable, mais toujours modeste : de 2 à 5 cm en moyenne. Ils sont particulièrement répandus en Amérique tropicale.

Le **mombin jaune** *(Spondias lutea),* juteux, sucré et acidulé à la fois, rappelle un peu la saveur des nèfles du Japon, mais la pulpe qui y entoure un gros noyau oblong est encore moins abondante. Cette espèce est sans doute originaire des Antilles et on l'appelait jadis « prune d'Amérique ». Du point de vue culinaire, pas de complications : elle se mange crue, tout simplement.

Le **mombin rouge** ou **bâtard** arbore la couleur pourpre de son nom — *Spondias purpurea* — : une robe rouge tirant sur le violet couvre une pulpe qui convient mieux aux marmelades et aux confitures qu'à la dégustation sur l'arbre !

La meilleure espèce tropicale de *Spondias* est l'**imbu,** fort peu connu et non commercialisé. L'arbre *(Spondias tuberosa)* pousse à l'état naturel dans la province de Bahia au Brésil, donnant des fruits jaune-vert à la pulpe fondante et juteuse qui tient de l'orange et de l'ananas; on en fait une eau-de-vie et de l'*imbuzada,* dessert à base d'imbu et de lait sucré.

TAMARINDUS INDICA

Caesalpiniacées

Tamarin

Angl. : Tamarind .
Esp. : Tamarindo.

La cuisine asiatique et particulièrement celle de l'Inde fait une très large place au tamarin qui entre dans la préparation de chutneys, de curries, de soupes, de salades, de boissons alcoolisées ou non, et sert à la conservation du poisson. En Inde précisément, le tamarinier est intensément cultivé depuis l'époque préhistorique. C'est de là que lui vient son nom, *indica,* trompeur dans une certaine mesure puisque le fruit est originaire soit de Madagascar, soit d'Asie plus méridionale. Venu par bateau, il s'est très tôt répandu dans tous les pays tropicaux. On le trouve jusque sous les climats méditerranéens. C'est un fruit particulièrement important au Moyen-Orient.

Aux heures chaudes, on apprécie l'ombre fraîche et vaste du tamarinier aux petites feuilles composées qui se referment à la nuit tombante. On apprécie également le goût rafraîchissant de la pulpe du fruit, acidulée et sucrée à la fois (plus de 30 % de sucre). Cette pulpe est d'une couleur cannelle foncé, compacte et pâteuse à maturité, parcourue de filaments fibreux; elle se loge dans une gousse incurvée marron, épaisse mais fragile, de 8 à 18 cm de long et de 1 ou 2 cm de large, à l'aspect bosselé. Cette gousse se resserre après chacun des 3 à 15 renflements correspondant aux graines. Celles-ci sont très dures et brillantes, légèrement aplaties, et, pulvérisées, fournissent une colle à bois forte.

Nutritivement, le tamarin est une valeur sûre, grâce à ses acides citrique et tartrique, ses vitamines B et C, son calcium, son phosphore. Il contient plus d'acides et de sucres que les autres fruits. Il constitue un bon expectorant. Ses propriétés laxatives douces proviennent du bitartre de potassium qu'il renferme; pour cela, prendre à jeun une infusion de 80 g de tamarin par demi-litre d'eau. Activant le flux de la bile vers les intestins, il facilite également la digestion. Contre la diarrhée, en revanche, c'est à l'écorce de l'arbre qu'il faut recourir (de 15 à 30 g/l).

Vous pourrez préparer un excellent jus de tamarin en faisant cuire la pulpe dans un peu d'eau afin qu'elle n'attache pas et du sucre selon votre goût. Et, dans le domaine ménager, profitez de la

Tamarin

pulpe mûre à souhait pour polir cuivres et argenterie !

TERMINALIA CATAPPA

Combrétacées

Amande des Indes

Fr. : Amande des Antilles.
Angl. : Tropical/Indian/Malabar Almond.
Esp. : Almendrón, Alcornoque.

Ce grand arbre d'une dizaine de mètres est originaire du sud-est de l'Asie, mais il est répandu également aux Caraïbes, en Amérique centrale et du Sud, ainsi que dans les îles du Pacifique. Très ornemental, on le reconnaît à ses branches horizontales qui poussent d'une manière étagée et à ses feuilles parcheminées qui rougissent avant de tomber. Tout comme le fruit à maturité d'ailleurs.

Rien à voir avec l'amande, si ce n'est la forme ! Contrairement aux autres noix et fruits secs, l'amande des Antilles a une peau tendre et une fine couche de chair comestible au goût subacide. En dessous, une coque épaisse à l'aspect de liège contient un noyau à la peau marron et à l'amande douce et agréable, rappelant quelque peu la noisette, et que l'on peut utiliser en pâtisserie. L'occasion d'y goûter est néanmoins rare, car il faut se donner la peine de fendre une coque bien dure pour une aussi petite graine...

Amande des Indes avant maturité

Encore vert, le fruit est parfois mis dans du vinaigre comme les cornichons. Quant à l'huile extraite de cette graine, elle est très fine et présente l'avantage de ne pas rancir. Enfin, on utilise l'écorce de l'arbre en infusions diurétiques et cardiotoniques. Une des variétés, produite au Sri Lanka, donne les délicieuses **noix d'okari**.

Amande des Indes

THEOBROMA CACAO

Sterculiacées

Cacao

Angl. : Cocoa.
Esp. : Cacao.

Cacao : voilà quelques syllabes venus des Mayas qui résonnent dans les oreilles des gourmands, amateurs de chocolat. Il est en effet difficile de dissocier cacao et chocolat. Pourtant, pendant longtemps en Europe, le cacao ne fut connu qu'à travers une boisson, d'ailleurs réservée aux occasions exceptionnelles.

Il est originaire du bassin de l'Amazone; et c'est Cortés qui découvrit une préparation que les Aztèques du Mexique confectionnaient à partir des fèves de cacao et qui était courante à la cour du souverain Montezuma. Ils consommaient le cacao après l'avoir fait griller et réduit en bouillie avec de la farine de maïs assaisonnée de piment fort. L'usage de ces mets était si fréquent que les fidèles du Chiapas abandonnèrent l'Église parce que l'évêque avait voulu leur interdire de boire du chocolat pendant l'office ! De plus, le cacao était alors la monnaie courante en usage dans toutes les provinces du Mexique; chacune payait un tribut au roi sous forme de fèves de cacao.

C'est donc grâce à Cortés que le cacao fut introduit en Espagne en 1585. Aux XVIe et XVIIe siècles, il se répandit très progressivement en Italie, en France, puis en Grande-Bretagne : les Espagnols en interdirent jalousement l'exportation jusqu'en 1728. En France, la mode du cacao était née après le mariage en 1660 de Louis XIV avec Marie-Thérèse d'Autriche, fille de Philippe IV, roi d'Espagne.

Le cacao était donc déjà bien connu au XVIIe siècle mais la fabrication du chocolat tel que nous le connaissons se fit attendre. Le premier chocolat noir fut mis en vente en 1847, et le premier chocolat au lait en 1876... ! En fait, durant les annés 1860, les Anglais avaient découvert que la préparation de la poudre de cacao fournissait un surplus de beurre de cacao. C'est alors que débuta la véritable histoire du chocolat; en effet, ce surplus permit d'augmenter considérablement la qualité et la gamme des chocolats fabriqués.

L'engouement pour toutes les friandises à base de cacao place aujourd'hui ce dernier en tête des produits agricoles d'import-export.

L'arbre, de petite taille (5-8 m), est adulte à 10 ans, mais il n'a une durée de vie que de 30 ans. Son nom scientifique fut adopté en 1737, mais une grande confusion taxinomique a régné pendant longtemps. Jusqu'en 1950, on ne distinguait que deux groupes de cacaoyers cultivés; ils sont aujourd'hui classés en trois groupes.

— Le **cacao Criolle** est un fruit allongé, sergé, pointu et dont les cotylédons sont blancs. On le trouve au Venezuela, au Mexique et en Amérique centrale. Malgré sa qualité supérieure qui le destine aux chocolats de luxe, on le cultive très peu.

— Le **cacao de la forêt amazonienne** est de moins bonne qualité; on le reconnaît à sa forme plus ronde, à sa peau lisse et à ses cotylédons violets. Il représente 80 % de la production mondiale. On apprécie en culture sa vigueur, sa précocité et sa productivité.

— Le **cacao de Trinité** est un hybride des deux premiers.

Le genre *Theobroma* compte au total 22 espèces, la majorité étant exploitées à l'état sauvage ou cultivées localement. En fait, la culture de telle ou telle espèce dépend simplement de la nature du terrain et des conditions climatiques.

La pulpe sucrée, et acidulée à la fois, des fruits du genre *Theobroma* est consommée par les indigènes, soit telle quelle, soit sous forme de boisson rafraîchissante. Il faut sucer cette épaisse substance mucila-

Cacaotier

gineuse blanche qui sépare les fèves noires regroupées à l'intérieur du fruit. On en trouve 30 ou 40 par fruit, occupant une cavité unique au centre et réparties dans cinq loges distinctes.

Le fruit doit être cueilli parfaitement mûr, car une ou deux fèves encore vertes suffisent à communiquer à toutes une saveur amère. L'étape de fermentation des fèves est fondamentale pour les rendre propres à la consommation. Par exemple, dans certains pays ces graines sont jetées dans un trou, où, recouvertes de sable fin, on les laisse fermenter trois ou quatre jours, avant de les faire sécher au soleil. Une fois sèches, elles sont prêtes à l'expédition. Avant leur utilisation, elles seront encore torréfiées, les coques brisées, et l'amande stérile conservée.

Les fèves de cacao contiennent 56 % de graisses, ce qui permet d'obtenir d'une part la poudre et d'autre part le beurre de cacao. Selon le type de confiserie désirée, on introduira une quantité plus ou moins importante de ce dernier afin d'obtenir un produit final plus ou moins liquide; l'utilisation partielle d'autres huiles végétales nuit au goût final.

Pour l'homme, le cacao est un aliment très énergétique. La théobromine, l'alcaloïde qu'il contient (3 %), est un tonique; c'est d'ailleurs celui qui est contenu dans les feuilles du théier et dans la cola.

VACCINIUM
V. MYRTILLUS
V. VITIS IDAEA
V. MACROCARPA

Éricacées

Myrtille
Airelle
Canneberge

Angl. : Bilberry, Little Cranberry, Large Cranberry.
Esp. : Arandano.

Le genre *Vaccinium* comprend un grand nombre d'espèces donnant des fruits petits mais abondants, objet d'importantes cueillettes. L'arbrisseau est petit (15 à 25 cm), rampant.

La **myrtille** ou **brimbelle** (*Vaccinium myrtillus*), encore appelée **bleuet**, est une baie noir bleuâtre, légèrement pruineuse, à chair violacée aigre-douce et astringente. (Attention ! le suc tache fortement. On l'utilisait naguère comme colorant.) Excellente consommée crue, on en fait aussi des confitures et une liqueur. Elle se prête admirablement à la confection de tartes...

La myrtille est fort précieuse, tout particulièrement dans le traitement de nombreuses affections intestinales, entre autres la dysenterie. Elle contribue également à faire baisser le taux d'urée dans le sang et passe pour améliorer la vision nocturne . C'est un fruit riche en acides citrique, malique et quinique et en vitamine A, qui fait depuis longtemps partie des remèdes populaires.

Myrtille

Canneberge

L'airelle (*vaccinium Vitis-idaea*), se distingue de la myrtille par sa couleur rouge. Les baies sont légèrement plus grosses, les feuilles de l'arbrisseau sont persistantes, contrairement à celles de la myrtille. Les baies de l'airelle sont acides et légèrement amères à l'état cru. Aussi sont-elles surtout utilisées cuites, traditionnellement servies en accompagnement de gibier.

La **canneberge** (*Vaccinium macrocarpa*) est plus acidulée que l'airelle. C'est une baie ovale et rouge, deux fois grosse comme une myrtille, qui pousse sur un arbuste natif des tourbières des régions froides. On trouve plus la canneberge en Amérique du Nord qu'en Europe. Peut-être ce fruit doit-il à la « dinde aux canneberges » des Anglais de sortir parfois de l'incognito. De cette baie acidulée et un peu farineuse, on fait généralement des compotes, des gelées ou des sauces pour accompagner des volailles.

L'Amérique du Sud nous fait en outre découvrir d'autres représentants de cette famille des Éricacées très proches des airelles : le **gualicon** (*Ceratostema grandiflora*) ressemble à une myrtille plus allongée, le **taclli** (*Pernettya parvifolia*) pousse sur les froids paramos désertiques, sous l'herbe sèche; il y en a d'autres encore...

VITIS VINIFERA

Vitidiacées

Raisin

Angl. : Grapes.
Esp. : Uva.

Les Grecs ont laissé des commentaires laudatifs sur le raisin et on parle déjà de la vigne dans l'Ancien Testament. Ce sont en fait les Sémites qui l'on introduite dans les îles de l'archipel grec. De là elle s'est répandue jusqu'en Italie et enfin les Gaulois furent initiés à la viticulture par les Phocéens. Au-delà des grandes disparités, les variétés se rejoignent sur un point : toutes produisent des fruits gorgés d'eau (75 %) et de sucre (120-150 g/kg).

On distingue deux sortes de raisins; les *raisins de cuve*, qui servent à la préparation du vin, et, ceux qui nous intéressent ici, les *raisins de table*, réservés à la consommation.

Parmi les différentes variétés, on distingue deux types : les **raisins noirs** et les **raisins blancs.** Les premiers sont rouge sombre, noirs ou noir bleuté. Les « blancs » sont vert doré ou ambré.

Le raisin noir doit sa couleur à la présence d'anthocyane, qui est un tonique. Il est plus riche en fer que le raisin blanc. Les propriétés énergétiques de tous les raisins proviennent des sucres, glucose et lévulose, directement assimilables par l'organisme; à noter : le sucre de raisin est un élément constitutif du sérum sanguin. La grande richesse du fruit en potassium lui confère aussi des propriétés diurétiques. Laxatif, désintoxicant, alcalinisateur du sang, purificateur du foie, reminéralisant... On ne saurait tarir d'éloges tant sur les raisins frais que sur les raisins secs. Ce sont les fruits les plus riches en vitamines, avec notamment de bonnes proportions de vitamines A, B et C. Ce sont également des fortifiants des poumons et des toniques de l'estomac et des intestins; d'ailleurs les adeptes du yoga qui

Grappes de raisin

se préoccupent de l'hygiène interne incluent des cures de raisin dans leurs pratiques. On recourra au raisin en cas d'arthrite, de rhumatisme, de goutte, et pour se débarrasser de tout ce qui est dû à une accumulation d'acides divers. Les raisins secs sont tout particulièrement aptes à soutenir les efforts physiques exceptionnels. Leur absorption en décoction est également indiquée dans toutes les affections pulmonaires. Quant au jus de raisin, il est censé nettoyer les peaux grasses sujettes à l'acné; il faut pour cela l'appliquer une quinzaine de minutes sur le visage.

Les variétés de Corinthe, de Smyrne, de Malaga sont utilisées pour la préparation des raisins secs.

ZALACCA EDULIS

Palmiers

Salak

Angl. : Salak, Rakam.
Esp. : Salacia.

En forme de bourse (de 3 à 9 cm de long), et d'une belle couleur marron, comme s'il était en bois bien ciré, ce fruit vient en grosses grappes lourdement chargées. Il pousse sur un palmier épineux.

Il convient d'enlever la peau écailleuse du salak et, avant d'y goûter, de retirer également la membrane intérieure translucide

Salak

Salak rakam

qui recouvre la chair et ne peut apporter qu'amertume. Si la peau brune est éclatée, c'est que le fruit est trop mûr. L'intérieur de celui-ci se divise en lobes (2, 3 ou 4) contenant chacun un noyau marron. La pulpe est de couleur crème ou cannelle clair. Sa saveur est très variable, allant de l'astringent, de l'amer, à un acidulé discret et agréable. Les meilleurs fruits ont une texture ferme et un léger goût de noix.

C'est en Indonésie que les salaks abondent. La variété de Bali renferme un noyau unique, rond et luisant; elle semble avoir la faveur des amateurs. On trouve en Thaïlande une variété à fruits rouges et recouverts d'épines. Ce sont des fruits amers, et certains ne se prêtent qu'à la cuisson, permettant par exemple d'aromatiser les curries. Les plus doux y sont dénommés *rakam;* ils servent notamment à faire une boisson sucrée.

ZIZYPHUS JUJUBA

Rhamnacées

Jujube

Fr. : Datte chinoise.
Angl. : Jujube.
Esp. : Azufaifa, Yuyuba.

Le jujubier aux branches épineuses est bien connu en Provence où on lui donne le nom de circoulier ou guindanlier. C'est un arbre originaire de Chine méridionale qui a fait son chemin à travers l'Asie du Sud-Est, la Perse, l'Inde, et beau-

Jujube

coup plus tard l'Arabie et l'Afrique du Nord, pour rejoindre enfin nos régions d'Europe méditerranéenne, il y a plus de 2 000 ans. L'Amérique, à partir du XIXe siècle, l'a accueilli au Venezuela et un peu en Floride. Voilà donc un arbre qui a beaucoup voyagé à travers les pays chauds et subtropicaux. Ses fruits, pourtant, sont mal connus. La Chine et la Syrie sont peut-être les deux pays qui en font le commerce le plus actif. Il est vrai que parmi les centaines d'espèces de jujubiers répandues à travers le monde, certaines poussant à l'état sauvage, seules quelques privilégiées donnent des fruits dignes de toute notre attention.

Le jujube est une drupe à la peau fine et brillante, qui, à maturité, de verte devient jaune puis rouge, voire brun - roux. Certains sont ronds, d'autres oblongs et font de 2 à 5 cm de long. On croirait bien souvent avoir affaire à une toute petite pomme. Le noyau unique, un peu trop volumineux, contient une graine huileuse dans l'une de ses deux loges. Mais la pulpe ? Cette pulpe blanche, ou parfois vert pistache, quelle saveur réserve-t-elle ? Ce n'est nullement une chair juteuse : il faut s'attendre à une texture croquante, ferme mais un peu farineuse; cependant, la saveur est douce et agréable; acidité et piquant témoignent de l'appartenance à une variété inférieure.

Le jujube peut se manger frais, séché, cuit au four ou en compote. Certains l'aiment un peu vert, pris avec du sel; d'autres le choisissent presque blet, déjà fripé, lorsqu'une forte odeur s'en échappe. Il en est qu'on ne mange que cuits. L'espèce répandue en Égypte et en Israël est plus particulièrement employée comme dépuratif. En Amérique, il reste d'une qualité médiocre. En Syrie, en revanche, le jujubier produit de bons fruits rouge sombre, ovoïdes comme une grosse olive, et dont la pulpe est agréablement sucrée. L'Europe importe en fait les jujubes d'Extrême-Orient : ce sont les plus gros. Les espèces méditerranéennes sont plus petites et rouge vif à maturité. Les espèces chinoises, quant à elles, rappellent les dattes, ce qui leur a valu le surnom de **dattes chinoises**... La Chine, qui est grand amateur de jujubes, a su développer des fruits de qualité supérieure dont on se régale frais; on les prépare avec du riz et du miel : c'est un délice; on peut aussi en confectionner compotes, confitures, pâtes de fruit, ou les faire sécher. Le jujube indien est une autre variété cultivée en Asie; du point de vue botanique, elle diffère peu de la variété chinoise, qui demeure cependant de qualité supérieure. Les autres fruits sont généralement plus médiocres et appartiennent à des espèces différentes. Du « beurre de jujube » est obtenu en mélangeant la pulpe, cuite et passée, avec du sucre, des épices et du citron.

Le fruit est nourrissant puisque, frais, il apporte 85 calories pour 100 g avec ses 22 % de sucre*. Jusqu'à la Renaissance, le jujube jouait un grand rôle dans la pharmacopée. Aujourd'hui, la thérapeutique recourt à ses vertus pectorales. Sec ou en décoction, il est indiqué contre les rhumes, les enrouements et la toux. Le fruit jouit également de propriétés diurétiques et émollientes, et il serait recommandé en cas d'inflammation intestinale.

** Il s'agit du jujube chinois, qui est le plus sucré.*

D'AUTRES ENCORE...

Le monde des fruits est infini, même sans parler de ceux qui poussent à l'état sauvage. Aussi nous ne prétendons nullement, en citant les fruits ci-dessous, en clore l'inventaire mais plutôt en souligner le caractère illimité.

Alectryon

Fruit rouge et acide venant sur un grand arbre de la famille des Sapindacées en Nouvelle-Zélande, et dont les graines fournissent de l'huile. Il parfume des boissons rafraîchissantes.

Alise

Le fruit de l'alisier, arbre du groupe des sorbiers, ressemble à la nèfle, avec une dépression moins marquée. Bien que légèrement aigrelet, il est agréable. En Alsace on distille l'alise pour en faire une eau-de-vie appréciée.

Azerole

L'azerolier est une grande aubépine cultivée dans le Midi (*Crataegus azarolus*). Son nom est d'origine arabe. Le fruit ovale, de 2 cm environ, est un peu acide mais se prête bien aux confitures et aux compotes.

Carissa

C'est sur un arbuste épineux de la famille des Apocynacées que pousse la carissa, appelée Natal Plum par les Anglophones. On la trouve en Inde, en Australie et en Afrique australe et, depuis peu, en Floride. Ce fruit de 2 à 5 cm est ovoïde ou rond. Sa pulpe rouge, résistante, contient plusieurs graines presque rondes. Plus ou moins sucrée selon les espèces (environ 25), elle est rafraîchissante. On peut l'utiliser pour confectionner une sauce s'apparentant à celle aux canneberges ou en faire des pickles.

Cerise des Antilles

Ce fruit de la famille des Malpighiacées est originaire des Antilles. Sa ressemblance avec la cerise lui a valu son nom : en effet il est sphérique, tendre et juteux; sa peau, rouge ou jaune, est fine. Mais il renferme trois noyaux triangulaires.

Chontaruro

Chontaruro

Nom quechua désignant le fruit d'un palmier du genre *Astrocaryum*, portant des épines noires. La drupe, à chair farineuse, contient un noyau osseux.

Coco chilien

Ce fruit d'un palmier mérite d'être cité pour son côté amusant. Il évoque une noix de coco miniature : même chair blanche au goût de coco, même peau fine qui adhère à la coque. Jouet d'enfant, ce fruit n'est pas consommé. En revanche, le palmier qui le porte fournit une sève qui sert à la fabrication d'un sirop appelé « miel de cocalan », utilisé dans les desserts, au Chili notamment.

Coco chilien

Coco des mers, noix des Seychelles

Grosse noix de 10 à 25 kg, surnommée « coco-fesse » en raison de la forme de la noix débarrassée de son enveloppe extérieure. La pulpe a une consistance de gelée ferme. À manger glacée.

Cornouille

Ce fruit rouge foncé, aigrelet, gros comme une olive, était déjà connu des Romains. Il pousse en Europe à l'état sauvage sur le cornouiller mâle (*Cornus mas*).

Emblic

Également appelé *myrobolan*, ce fruit pousse en Asie et en Amérique sur un arbrisseau de la famille des Euphorbiacées (*Phyllantus emblic*). De la taille d'une cerise, sa peau vert-jaune, marquée longitudinalement de fines bandes blanches, est aussi fine et translucide que celle d'un raisin. Amers crus, ces fruits sont utilisés lors de la confection des chutneys ou de confitures pour leur richesse en pectine. On les fait cuire avec leur noyau car il adhère à la chair.

Gowok

Fruit d'Indonésie de la taille d'une prune. Pourpre, aplati aux deux pôles, il a une chair blanche qui rappelle une pomme très croquante. L'arbre, *Eugenia polycephala*, appartient à la famille des Myrtacées.

Gowok

Ilama

Également appelée « annone blanche », elle est peu répandue hors de l'Amérique centrale : c'est en effet un fruit des basses terres par opposition à la chérimole qui préfère des altitudes plus élevées. Un fruit ne pèse jamais plus de 700 grammes. De nombreuses protubérances partent des auréoles carpellaires. La peau, verte ou rose, est toujours recouverte d'une efflorescence qui lui donne un aspect blanchâtre. La variété rose se distingue par un goût plus acidulé.

Jaboticaba

Fruit du Brésil qui pousse directement sur le tronc de l'arbre (*Myrcizia jaboticaba*). Il ressemble à un gros grain de raisin noir. Sa peau est épaisse et la chair translucide. On en fait des gelées.

Macadamia

À ne pas confondre avec la noix de Macadamia. Ce fruit, que l'on trouve dans les Andes, émerveille par la fragilité de sa peau de pêche et la délicatesse de sa chair; il est de la taille d'une grosse fraise. Son goût acidulé rend sa quintessence en confiture et en compote.

Madroño americano

Il ne faut pas le confondre avec

Madroño americano

Macadamia

le madroño des Espagnols, l'arbouse en français. Sur le continent américain ce nom désigne un certain nombre d'arbres qui fructifient à plus de 1 000 mètres d'altitude sur les pentes des cordillères colombienne et vénézuélienne. La peau jaune et épaisse du fruit a un aspect verruqueux; les légères protubérances qui le couvrent expliquent peut-être qu'on l'ait associé à l'arbouse. Sa pulpe blanche est douce et acidulée; on y trouvera de un à trois noyaux.

Mangle

Le manglier (aussi appelé palétuvier) est surtout connu pour les mangroves, forêts impénétrables qu'il forme le long des lagunes maritimes dans les régions tropicales. Ses fruits, comestibles, étaient autrefois utilisés à des fins thérapeutiques.

Mancenille

Ce fruit ressemble à une pomme, à une pomme d'api. Il est assez agréable au palais. L'arbre appartient à la famille des Euphorbiacées et on le trouve aux Antilles. Attention : le suc laiteux sécrété par l'arbre est vénéneux. (Ne pas confondre avec les fruits à l'allure de petite pomme que sont le *tejocote* ou la pommette.)

Ngoc

Fruit du Viêt-nam servant à confectionner des confitures et à colorer en rouge le riz des repas de fête. Il ne se mange pas cru.

Noix de sapucaia

L'arbre (*Lecythis ollaria*) est originaire des forêts brésiliennes,

Ngoc

mais on le trouve aussi en Asie du Sud-Est. De gros fruits (8 à 25 cm) bruns, coniques, ligneux y poussent au bout des branches qu'ils font s'incliner sous leur poids. À maturité, le fruit s'ouvre en son sommet — c'est comme un couvercle rond qui serait retiré, d'où son surnom de « marmite de singe » – et les graines (10 à 30) sont libérées : voilà les noix de sapucaia, qu'il faut briser au marteau.

Noix cendrée de Souari

Encore une « noix » d'Amérique du Sud. Le fruit, une drupe, pousse sur l'arbre dont le nom botanique est *Caryocar nuciferum*. L'amande est enfermée dans une coque ligneuse très dure. Très oléagineuse, cette amande permet d'obtenir une graisse ayant l'aspect du beurre, d'ailleurs appelée « beurre de Souari ». On l'appelle aussi **Noix de Pécan**.

Pommette

Ce fruit du genre *Malus* est une pomme dont on connaît plusieurs espèces. Originaire de la Mandchourie ou des régions voisines, cette pommette se trouve soit à l'état sauvage soit cultivée. On en fait des gelées ou des marinades, car elle est très amère crue.

Piquillín

Fruit de *Condalia lineata*, arbre que l'on trouve en Argentine et en Bolivie. On en fait un sirop, l'« arrope » et un vin fermenté.

Pomme de lait

Pitaya

Fruit d'Amérique tropicale poussant sur un cactus aux grandes fleurs blanches s'ouvrant la nuit en dégageant une forte odeur de vanille. Rose ou rouge, ce fruit, plus volumineux que la figue de Barbarie, est recouvert de grosses écailles en forme de feuilles.

Pomme de lait

De la taille d'une orange et violet comme une aubergine, ce fruit possède une chair translucide légèrement mauve, d'où suinte un lait blanc et sucré.

Prunelle

Le prunier sauvage (*Prunus spinosa*) donne ses petits fruits bleuâtres à l'automne. On attend généralement qu'ils aient subi les premiers gels pour les cueillir; leur âpreté s'en trouve diminuée. Ils sont utilisés pour faire des eaux-de-vie ou des liqueurs.

Quandong

Certains des arbres qui produisent le bois de santal portent des fruits comestibles. La drupe sphérique de *Santalum spicatum* d'Australie ressemble à une pêche, ce qui lui vaut son nom anglais de *Native peach*. L'amande du noyau est également comestible.

Rambai

Baccaurea motleyana (famille des Euphorbiacées) est originaire d'Asie du Sud-Est. Les fruits, qui viennent en grappe directement sur le tronc et les branches, rappellent le langsat (voir p. 114) avec lequel il pourrait être confondu. Sa chair, translucide et sucrée, est agréable au palais. Une autre variété, *Baccaurea grifithii* donne un fruit appelé **tampoi**, nettement plus gros.

Soncoya

Cette annone des régions chaudes et humides d'Amérique centrale est encore appelée *matimba*, *manirote* ou *cabeza de negro*, comme à Caracas. Après le corossol épineux, c'est la plus grosse des annones (2 à 3 kg). On la reconnaît à sa peau de couleur tendant au pourpre, d'où son nom latin *Annona purpurea*.

Sureau

Le sureau est un arbre de la

Tamarin de Manille

Tejocote

famille des Caprifoliacées qui donne des baies rouges ou noires, acides. Elles sont utilisées pour faire des gelées et pour aromatiser des vins.

Tamarin de Manille

Fruit poussant sur un arbre épineux. La forme de la gousse rappelle le tamarin; elle s'enroule parfois sur elle-même. Verte avec des reflets roses, elle se scinde en deux et dévoile une pulpe blanche et sèche qui entoure les noyaux. Elle est à sucer.

Tarap

Du même genre que l'arbre à pain, il porte des épines caoutchouteuses de 4 à 5 cm. Les fruits mûrs sont mous et sentent la térébenthine.

Tejocote, Texocotl

Crataegus mexicana est une espèce fruitière de l'aubépine, cultivée au Mexique, qui donne des fruits jaunes assez volumineux. De saveur agréable, ils sont consommés frais, en marmelade, ou confits.

GLOSSAIRE

Agame : se dit de plantes dépourvues d'organes sexuels apparents.

Akène : fruit sec indéhiscent à une seule graine; un fruit peut être constitué de plusieurs akènes.

Alcalose : état d'alcalinité du sang.

Amidon : petits grains féculents qui s'accumulent dans certains fruits. L'amidon est un glucide.

Antihelmintique : propre à débarrasser des helmintes, sortes de parasites.

Arille : tégument accessoire qui se développe après la fécondation et qui recouvre la graine.

Blet : se dit du fruit devenu mou et souvent insipide par excès de maturité. Cependant certains fruits, comme les nèfles, ne se mangent que blets.

Bourgeon axillaire : bourgeon latéral placé à l'aisselle d'une feuille.

Bractées : feuilles se trouvant au voisinage d'une fleur ou d'une inflorescence; les bractées sont généralement plus petites que les feuilles de la plante; on trouve une bractée par fleur ou par inflorescence.

Calice : ensemble des sépales d'une fleur.

Carpelle : chacune des pièces florales dont l'ensemble soudé forme le pistil des fleurs.

Cupule : godet écailleux formant la base du fruit du chêne, du noisetier, du hêtre, etc.

Drupe : nom scientifique des fruits à noyaux.

Drupéole : petite drupe qui se présente généralement agglomérée (comme dans le fruit de la ronce, la mûre).

Efflorescence : poussière ayant l'aspect de la résine ou de la cire et qui recouvre certains fruits.

Filet : partie fine qui supporte l'anthère d'une étamine, l'anthère renfermant le pollen.

Glucide : nom donné aux substances analogues au sucre. Synonyme : hydrate de carbone.

Involucre : ensemble des bractées ou d'organes foliacés rapprochés autour de la base d'une fleur ou d'une inflorescence.

Ligneux : qui tient de la nature du bois.

Lipide : terme utilisé pour désigner la matière grasse d'origine organique.

Nucule : fruit sec, indéhiscent, à péricarpe osseux ou coriace, comme la noisette.

Oligurie : diminution de la quantité d'urine sécrétée en un temps donné.

Parthénogenèse : reproduction à partir d'un ovule ou d'une oosphère (gamète femelle des végétaux) non fécondés.

Pectine : glucide contenant des principes qui permettent la coagulation des cellules entre elles.

Péristaltisme : contraction annulaire de haut en bas du tube digestif.

Polygame : se dit d'une plante qui porte à la fois des fleurs mâles et des fleurs femelles.

Pruine : matière cireuse qui recouvre certains fruits.

Spathe : grande bractée en forme de cornet entourant toute l'inflorescence.

Stolon : tige rampante qui naît du collet de la plante et est terminée par un bourgeon capable de donner une rosette de feuilles et de s'enraciner.

Style : colonne surmontant l'ovaire et portant à son sommet les stigmates, parties supérieures du pistil.

Ténifuge : ayant la propriété de provoquer l'expulsion des ténias.

Verticille : ensemble de feuilles, de fleurs, de pièces florales partant toutes d'un même niveau de l'axe qui les porte.

Index des noms français

Les noms en gras sont ceux qui figurent en tête des rubriques; en maigre, les appellations régionales et les espèces ou variétés mentionnées dans le texte

Index des noms anglais

Index des noms espagnols

Petite bibliographie

Les fruits tropicaux et subtropicaux, par J.-F. Leroy, coll. « Que sais-je ? », P.U.F.

Les fruits exotiques, par A. Chevalier et J.-F. Leroy, coll. « Que sais-je ? », P.U.F.

Les légumes et les fruits qui guérissent, par L. Carlier, éd. La diffusion nouvelle du livre.

Plantes sauvages comestibles, Guide point vert Hatier.

Les cures de jus; fruits et légumes, par R. Dextreit, Éd. « Vivre en harmonie ».

Les fruits, par John Goode, Les Éditions de l'homme, Canada.

Fruits et légumes exotiques, « Petit atlas Payot », Lausanne.

Frutas silvestres de Colombia, par Rafaël Romero Castaneda, éd. San Juan Eudes, Bogota.

Frutas comestiveis da Amazonica, par P. Calvalcante.

Manual of tropical and subtropical fruits, par Wilson Popenoe. Hafner press ltd., Macmillan publishing, New York.

La Fruta; manantial de salud y belleza, par Jorge Sintes Pros, Éd. Sintes, Barcelone.

Malaysian fruits in colour, par H.F. Chin & H.S. Yong, Tropical press, Kuala Lumpur.

Tropical trees of the Pacific. Dorothy & Bod Hargreaves, Hawai, USA.